L'ARMÉE D'HENRI V

BOURGEOIS-GENTILSHOMMES

ARRIÈRE-BAN

DE

L'ORDRE MORAL

1873-1874

PAR

Adolphe BOUILLET

« Les choses du temps présent, c'est
l'arche sainte. Malheur à qui y touche! »
(DIDEROT.)

PARIS

LIBRAIRIE GERMER BAILLIÈRE

RUE DE L'ÉCOLE-DE-MÉDECINE, 17

1874

LETTRE

A monsieur Georges Avenel, rédacteur
de la République française.

MONSIEUR,

Vous n'aimez pas les suites, vous vous en dé-
fiez, je le sais, vous l'avez dit dans votre dernier
article sur la seconde série de mes Bourgeois-
gentilshommes. *Je vous apporte une nouvelle*
suite, l'Arrière-ban de l'ordre moral, 1873-1874.
Je ne vous devais pas ce déboire, je devais mieux
à l'article si sympathique dont vous avez salué,
en 1871, *la publication de l'*Armée d'Henri V,
les Bourgeois-gentilshommes *de* 1871.

Toucher au fond et atteindre le tuf n'est pas
mon affaire, et rien de plus antipathique à ma
nature, à mes habitudes, que la forme amère ou
irritée. Courir doucement, légèrement, à la sur-
face des choses, l'âme sereine, libre du ciel, de la

terre, libre des hommes et des dieux, libre des
hasards, libre du sort; d'un ironique sourire fe-
fleurer les réalités, planer sur la vie et la mort
du haut d'un comique sans malignité, sans fiel,
aimable plutôt, c'est ce que j'aime, c'est ma pré
férence et mon choix. Le monde des hobereaux
campagnards aurait donc suffi à ma joie, et
très-volontiers n'aurais-je pas poussé plus loin
ma pointe humoristique, ma fantaisie littéraire
et mon étude politique.

Un écureuil dans sa cage, piétinant sa roue,
sans avancer, sans bouger de place, sans but,
déconcerte le sens commun. Il n'y a rien là pour
l'amertume et l'indignation. On le décrit, pour
son plaisir, pour celui des autres, en jolis vers
latins, comme Desbillons, si l'on peut, et on passe,
sans s'y attarder davantage. L'écureuil, c'est le
hobereau campagnard; la cage, la routine dévote et embéguinée; la roue, tout ce qui nage,
flotte devant l'agile, le pétulant captif, de si
courte vue, d'horizon si restreint, si borné.
L'écureuil, la cage, la roue, de mon mieux j'avais
tout donné dans l'Armée d'Henri V, les Bourgeois-gentilshommes de 1871, et vous en parais-
siez satisfait, mieux encore, enchanté. Pourquoi
ne m'en suis-je pas tenu là?

Eh! monsieur, quand la surprise électorale de
71 a poussé devant elle, en février, cet agrégat

bizarre, hétérogène, hétéroclite, qui fut l'Assemblée de Bordeaux, attendiez-vous la Commune, fille du désarroi du siége, fille de l'or
prussien, de l'or bonapartiste (1), fille surtout
des maladresses réactionnaires? La Commune a
donné durée à l'éphémère agrégat. Impuissance
de la réaction cléricale à s'imposer à l'opinion,
répugnance du pays à sortir de l'ordre légal,
tel quel, la république conservatrice en est
venue. Conservatrice de quoi? De l'ordre mo-
rnachique, au fond, de la dispendieuse machine
monarchique. Étiquette républicaine, machine
monarchique, cadre monarchique sans gra-

(1) A cet égard, on s'en peut, je crois, rapporter au té-
moignage de l'amiral Saisset devant la commission d'en-
quête du 18 mars :
Permettez-moi de vous dire ma conviction, basée sur
des faits, relativement à tout cela. Ce que je vais vous
dire, je le tiens de francs-tireurs, d'hommes de sac et
de corde, qui s'y sont trouvés mêlés, et je vous jure, sur
la mémoire de mon fils, que je n'y ajouterai pas un mot.
Que voyons-nous? Nous voyons, d'un côté, la colonne
Vendôme jetée par terre, les Tuileries brûlées; d'un
autre côté, l'Hôtel de ville, le Ministère des finances, la
Caisse des dépôts et consignations, le Conseil d'État et la
Cour des comptes, incendiés, et l'incendie du palais de
Justice entraînant la destruction du casier judiciaire et
des actes de l'état civil. Je suis convaincu que c'est l'argent prussien qui a fait jeter la colonne Vendôme par
terre; que c'est l'argent bonapartiste qui a fait brûler
l'Hôtel de ville, le Ministère des finances, la Caisse des
dépôts et consignations, et que c'est l'Internationale qui a
fait brûler le palais de Justice et le casier judiciaire.

vure, pourquoi? A la machine monarchique
conservée on voulut un titre monarchique oublié, au cadre une gravure. On fit le 24 mai,
grand hasard, grosse aventure!

Tumultueux dévergondage clérical de dévotes
démonstrations, fracas de conspirations henri-
quinquistes au grand jour, en plein soleil, sous
le couvert de la prétendue trève des partis, on
ne put entamer le pays fermé de plus en plus
aux surexcitations malsaines. Tout arrête et
fait obstacle : les municipalités, le suffrage. Le
hobereau embéguiné, instrument émoussé, sans
grande valeur, de l'opiniâtre croisade ultra-
montaine, ne prend position nulle part. Lois
torturées, tournées, abusivement interprétées
contre la liberté, subtilement travesties, rien n'y
fait. On pousse alors devant soi tout un peuple
de vanités mal assises, de besoigneux sans principe, sans ressort, sans conviction, d'appétits
subalternes flottant entre tout ce qui a chance
d'être influent et de disposer un jour des épa-
ves de l'autorité, d'affamés, de doublures, her-
maphrodites auxiliaires de l'ordre moral. Ce
monde a posé quinze mois devant mes yeux.
Quinze mois, j'ai vécu côte à côte avec lui, dans
la province. Voilà comment, monsieur, vous
avez aujourd'hui une de ces suites que vous
aimez si peu.

*Comme vous, mes amis les plus indulgents
et en même temps les plus autorisés se sont
plaints, à leur façon bienveillante, délicate et
fine, de mes archaïsmes dans la dernière série :*
les Bourgeois-gentilshommes, *typés nouveaux
et inédits. Moi, j'aime la langue du moyen âge
et du seizième siècle, prolixe sans doute, souvent
pourléchée et maniérée dans sa recherche du*
bien dire et beaux devis, *mais si pittoresque et
si nature dans ses allures générales. Parlée par
la Fontaine entre Marot, Rabelais et la reine
de Navarre d'une part, Boileau et Racine de
l'autre, elle a fait la fortune littéraire et l'émi-
nente originalité de ses fables. Mais la Fontaine
était la Fontaine, le génie du joli détail, du
détail ingénieux, topique, tempéré par le goût
sévère et la sobriété de l'école de Malherbe.*

*Ici, monsieur, vous n'aurez plus, je l'espère,
le même reproche à m'adresser.*

*Mes inquiétudes sont ailleurs. Facilement
court-on sur le monde ingénu et naïf, quoique
infatué et vain, des hobereaux campagnards,
pastiche sans profondeur, sans consistance, des
âges écoulés. L'impression en est rapide et souriante. Un coup d'œil suffit, la silhouette jaillit
et l'art va de lui-même. Les hommes de l'ordre
moral, au contraire, c'est nous, c'est notre temps,
ses énergies, ses vertus, sous les calculs de la ser-*

vilité, sous les faux-fuyants de l'hypocrisie, les mauvaises raisons de l'égoïsme ankylosé dans l'affaissement moral et l'affadissement du cœur. L'impression en est plus âpre et plus sombre. L'observation creuse, la réflexion induit et déduit. Si l'art est le tissu et la broderie, la physiologie est la trame. Trop donner à la physiologie, l'œuvre en est touffue. Trop donner à la broderie, l'œuvre n'est ni vraie ni vivante.

Ai-je eu toujours le courage de porter la hache dans les broussailles enchevêtrées de la physiologie? Me suis-je toujours arrêté à temps sur la pente des entraînements purement littéraires? Ai-je été assez en garde contre l'impatience qui grime la lèvre et fait le rire amer? Vous en jugerez, monsieur, et le lecteur en décidera avec vous.

Un point où, j'en suis sûr, nous nous rencontrerons sans conteste, c'est mon indomptable bonne volonté pour la république.

Saint-Amour (Jura). — Mars 1874.

ADOLPHE BOUILLET.

ARRIÈRE-BAN DE L'ORDRE MORAL

1873-1874

RIGOLO-PAIN-DE-SEIGLE

> Piccos divitiis, qui aureos colunt montes,
> Ego solus supero. Nam istos reges cæteros
> Memorare nolo, hominum mendicabula.
> Ego sum ille rex Philippus. O lepidum diem !
>
> (PLAUTE, *Aulularia*.)

> « Ces Pics, hôtes des monts aux mines
> » d'or, à moi seul, me voilà plus riche
> » qu'eux tous. Quant à la cohue de nos
> » pauvres rois, d'en parler ne daigne, de
> » ces mendiants des peuples. Je suis, moi,
> » le roi des rois, le roi Philippe. Oh! la
> » belle journée! »

Conduit à la main par Plutus, le dieu antique de
la pièce de cent sous, que Mathusalem Élias [1] ait
échoué à la société de l'agneau du révérend père
Garasse et à la compagnie de Jésus, n'est-ce pas là .

---

1. Pour Mathusalem Élias et tous les personnages de l'Abergc-
ment-sur-Rioni, voy. l'*Armée d'Henri V*, — *les Bourgeois-gentilshommes* de 1871. (*L'Armée d'Henri V*, *les Bourgeois-gentilshommes*, types nouveaux et inédits, 1873.)

A. BOUILLET.   1

pente trop naturelle à l'Abergement-sur-Rioni, et
ailleurs en France tout aussi bien ? *Auri sacra fames*,
s'écriait déjà le poëte des vieux âges. Gros par la
terre au soleil, gros par les écus et l'Église, ne suf-
fit-il d'être des gros ? Et à l'Abergement, non moins
qu'à Rome, on a respect à l'argent et aux gros.

Honni, conspué, par les enfants mêmes montré
au doigt, sur les murs de sa propre maison bla-
sonné et stigmatisé, Mathusalem Élias et ses lau-
riers aurifères empêcher quelqu'un de dormir ! Mathusalem Élias faire école à l'Abergement-sur-Rioni !
Voilà qui déconcerte et qui ¡passe. Longtemps vulgaire aboyeur aux ignorantins, Rigolo-Pain-de-
Seigle, âpreté du gain et frénésie de la pièce de cent
sous, prétend-on, n'en a pas moins fini par voter
clandestinement pour les écoles congréganistes et
ces messieurs de l'Abergement. Rigolo-Pain-de-
Seigle n'en est pas moins l'élève de Mathusalem
Élias, un peu, il est vrai, comme Aristote est l'élève
de Platon. Pardon à ces deux grands esprits, à ces
deux gloires, ainsi indiscrètement juxtaposées à
deux écumeurs de mer !

Être goinfre et goulu d'argent, sans appétits à
satisfaire, sans passions, par tous moyens inavoués
amasser pour entasser, tenir pour superflu le plus

strict nécessaire, avarice, chicheté, ladrerie, lésine et cautelle, c'est tout Mathusalem Élias, l'harpagon universel, catholique, de chaque temps, de chaque latitude. Seulement, en l'art de gagner sans dépenser, Mathusalem Élias excelle, n'en redoit à personne. Son renom est grand à trente lieues à la ronde, autour de l'Abergement-sur-Rioni.

D'Autun, la vieille métropole celtique, vint à pied, un beau jour d'hiver, jusqu'à l'Abergement, maître Strada, grimaud à se laisser fesser pour moins d'un quart d'écu. Il allait à l'Abergement-sur-Rioni et à Mathusalem Élias, comme autrefois en Grèce on allait à Delphes et à l'oracle d'Apollon Pythien.

— Monsieur, ainsi parlait Strada, il n'est bruit chez nous que de vos mérites. On en dit merveilles. Je suis maître Strada, notaire à Autun, point homme, je vous assure, à jeter mon argent par les fenêtres, à attacher mes chiens avec des saucisses. Je suis venu causer un instant avec vous, si toutefois vous l'avez pour agréable.

— A votre aise, monsieur Strada.

On s'assit, petite table de bois blanc et chandelle allumée entre deux.

Monsieur, reprit Strada..., mais permettez...

Strada souffla la chandelle.

— Pour causer, il n'est besoin que de s'entendre.
La chandelle est de trop.

Mathusalem Élias se pinça les lèvres. Le pren-
drait-on donc une fois sans vert? Le visiteur pour-
suivait son propos. Mathusalem Élias soufflait, hale-
tait, comme pie en gésine se trémoussait sur sa
chaise.

— Vous avez quelque chose, monsieur Mathusalem Élias? Indisposé peut-être?

— Pas le moins du monde. Seulement, assis,
voyez-vous, monsieur Strada, les culottes s'en vont,
c'est grand'pitié, je défais la mienne. Entre nous,
pour causer ma culotte est de trop, comme votre
chandelle.

Nulle histoire de cette farine en l'odyssée de Rigolo-Pain-de-Seigle. Rigolo-Pain-de-Seigle est âpre
à la curée, c'est vrai. Rigolo-Pain-de-Seigle ne regarde pas aux moyens, quand il s'agit d'écus, j'en
tombe d'accord avec vous. — Mineurs, femmes,
hommes, vieilles femmes surtout, tout plumage lui
est bon. Il en est dans son sac de maintes prove-
nances. Successions, tripotages testamentaires,
steeple-chase à l'héritage, acquisitions sujettes à
caution, il se fourre partout. Pour un legs de mille

écus, quinze ans de platitudes et flagorneries ne
lui sont de guère. — Où en voulez-vous venir ? —
Goinfre d'argent et ronge-maille, ni plus ni moins
que Mathusalem Élias, appétits nuls, passions
nulles, sauf rancœur et rancune, qui la plupart du
temps ne coûtent rien. — Je le sais, et puis après ?
Le voyez-vous pingre, étroit, mesquin, grelu, racorni ? Rigolo-Pain-de-Seigle s'étale, se déploie, fait
large façade. Il a maison en ville, maison à la campagne, parc, vignoble. Rigolo se tient convenable-
ment, a train de maison, chevaux, voitures, domestique nombreux et surabondant, meute et attirail
de chasse au grand complet. De ses gens nul ne s'en
plaint. Rigolo élève sa famille à frais cossus et bourgeois. Si Rigolo-Pain-de-Seigle aime l'argent, Rigolo-
Pain-de-Seigle du moins a-t-il l'avarice fastueuse.
« L'eau va toujours à la rivière, » se dit-il, et il rit,
la paupière à mille rides plissée aux commissures,
il rit de son rire clignotant, rire sans âme, sans
gaieté, qui ne dit rien à l'imagination, en ce visage
de bois, vrai théâtre d'embûches et de mensonges,
sous ce crâne effiloché, reiné, zébré, malpropre,
rogneux, plat comme en une vipère, rire qui dérobe
et qui masque, gabion de la stérilité de pensée ténébreuse, souterraine, lente et peu alerte, en une tête

chevillée aux épaules, surbaissée, à jamais impuissante à se dégager des omoplates.

De ce rire clignotant vient Rigolo-Pain-de-Seigle,
comme de sa tête de bœuf était venu, au rapport de
Pline l'Ancien, le nom de Bucéphale au cheval
d'Alexandre. Surnom, sobriquet, en réalité, que
Rigolo-Pain-de-Seigle, vous l'aviez bien deviné. Andras, voilà le vrai nom patronymique, nom décent,
honnête, bourgeois, congruent à un homme de la
bonne ville de l'Abergement-sur-Rioni, comme Du-
pont ou Dubois au premier venu.

Comment Félicemène Andras s'en est-il allé en
désuétude, et Rigolo-Pain-de-Seigle a-t-il seul sur-
nagé ? Ainsi l'ont voulu le caprice, l'usage, la mode,
ces despotes en ce monde. A l'Abergement-sur-
Rioni, nul ne dit plus que Rigolo-Pain-de-Seigle. A
l'aspect de ce rire clignotant, un loustic du cru a
lancé le surnom, en un jour de boutade. L'opinion
a saisi la balle au bond, n'en a voulu démordre.
Félicemène Andras a donc dû, bon gré mal gré, ri-
bon ribaine, rester Rigolo-Pain-de-Seigle.

En l'homme, a écrit madame de Staël, l'âme se
mêle à tout, à chaque détail de l'être donne sa forme et sa physionomie. Est-ce vrai ?

Étrange pays que l'âme de Rigolo-Pain-de-Seigle, plus saturé de miasmes putrides et délétères que jamais marécage de Batavia. Tout y est mortel, l'herbe, le fruit, l'eau, l'air, l'ombre, le soleil. En ce désert sans manne et sans fontaine, pas de verdoyantes Ardennes où réfugier le rêve, pas d'oasis. Si chacun de nous, ainsi que le prétendent les jansénistes, naît marqué d'un sceau blanc ou noir, celui de Rigolo était noir, à coup sûr. De vie haute, Rigolo ? Non pas. De vie basse, au contraire, humiliée et servile. Rigolo est mal né, mal développé. Aux veines de Rigolo, morne momie démaillotée, le sang se traîne lentement, eau croupie en canaux engorgés.

De sa nature, Rigolo-Pain-de-Seigle, d'anatomie si esquivée, n'était fait, semble-t-il, ni pour marcher ni pour voler, coléoptère empêché, hanneton obèse debout sur les pattes de derrière, torses, déjetées, frêles, insuffisantes sous la masse à porter, sous la panse de graisse mal acquise, à en juger par le teint blafard de Rigolo-Pain-de-Seigle.

Ame mal à l'aise, de la patrie d'aucune autre âme, esprit de la patrie d'aucun autre esprit, Rigolo est une anomalie et une déviation morale, sans expansion, sans magnétisme. Pourquoi vous étonner que,

tout enfant, chacun l'ait pris en guignon au collége ?
De corps sans adresse et sans vigueur, de cervelle
bréhaigne, rétive, imperméable aux études et honnêtes disciplines, comme on disait au seizième
siècle, rien en lui qui imposât, recommandât. On
le délaissa, triste arlequin, taciturne polichinelle,
en son coin.

Qui a vécu à Paris sans rencontrer, par une place
ou un carrefour, l'équilibriste si fameux ces vingt
dernières années ? Il lançait une pièce de monnaie
à perte de vue, l'attendait, l'œil en l'air, le pouce
à la poche de gilet entr'ouverte. Pas une pièce
ne manquait au rendez-vous. Deux, trois, quatre,
cinq pièces montaient l'une après l'autre et à la fois
au ciel, puis, vraies étoiles filantes et scintillante
cascade de paillettes argentées, redescendaient
pour disparaître aux profondeurs de la poche de
gilet. Une pile entière, bouquet du feu d'artifice,
était équilibrée au bout d'un bâton, le bâton à l'ex-
trémité du menton. Un coup au bâton, et toute la
pile, comme une seule pièce, s'engouffrait au gilet.
Pensez si l'on battait des mains.

A Rigolo-Pain-de-Seigle, affirment ses contempo-
rains, reviendrait de droit la première idée de ce tour
merveilleux. C'était là pour Rigolo-Pain-de-Seigle

jeu favori, étude exclusive de ses jeunes ans, seule distraction de son isolement et de sa solitude au collége.

« A mon sens, deux belles choses dans cet univers, enseignait certain philosophe allemand : le ciel étoilé sur nos têtes, le sentiment du devoir dans notre cœur. » Deux belles choses perdues pour Rigolo. Qu'importe le ciel à Rigolo ? Rigolo a ses yeux dans sa poche, sans autre regard qu'à la pièce de cent sous. La vie de Rigolo est un combat, jamais un hymne. Pour Rigolo, nul sentiment qui ne soit spéculation, entreprise. Eh ! que parlez-vous de conscience à Rigolo ? Bien que timorée au fond, l'âme de Rigolo n'a jamais séjourné dans la solitude de la conscience. Chose mort-née que la conscience en Rigolo, prétend qui le connaît de près et le peut apprécier dans les moindres détails. Madré, retors, à la bonne heure, voilà sa gloire et son point d'honneur. Encore pour filer plus fin que Rigolo, n'est-il besoin de se lever bien matin.

Transfuge de l'ordre moral aujourd'hui, nouvelle recrue, vélite d'Henri V, des jésuites, et jaquemart à frapper l'heure sur les cloches, le corps en Rigolo-Pain-de-Seigle n'a pas gagné à ce délabrement de l'âme. Masse confuse, ramassée, pelotonnée en cail-

1

lot informe et bossué, gauche, déboîtée, de guingois, au centre ; à la périphérie, membres aux coudes bizarres, dégingandés en mandibules et tentacules, en spatules et suçoirs, c'est bien là Rigolo-Pain-de-Seigle. Rigolo-Pain-de-Seigle tient de l'araignée et.de la pieuvre.

La pensée précède la parole comme l'éclair la foudre, répète-t-on communément. Point d'idées acquises en Rigolo. Obtus d'esprit et sourd d'intelligence, *surdus et absurdus*, Rigolo. A défaut de parole, du moins a-t-il un jargonnage. Récitation imperturbable de petite pensionnaire et raisonnement de caillette, on va devant soi, les yeux fermés, mièvre et pindarisant le plus qu'on peut, insipide, insignifiant, sans esprit, sans aucun sentiment, sans idée, surtout sans souci de la galerie et de l'interlocuteur. On bat les broussailles à droite, à gauche, léchonnant, mâchonnant ce qui s'est dit, ce qui se dit, ce qui se dira encore dans cent ans de sottises usées autour de soi. On ne pense, on ne sent ni ne raisonne. Ni on ne s'intéresse soi-même à son petit discours, ni on n'intéresse les autres. On tue le temps, voilà tout. On va, on va toujours, sans boussole, à perte d'haleine, sans ponctuer : un coucou décliqué. L'affaire, l'essentiel est de ne pas rester court.

Voir, faire voir à autrui, s'édifier, instruire les autres, conclure et élucider une question, fadaises, bagatelles. On a fait de l'important, et c'est assez. Il s'en trouve plus d'un à l'Abergement-sur-Rioni logé à telle enseigne. Rigolo-Pain-de-Seigle en est là.

Toutefois ce villatique cancan et rural jargonnage, Rigolo l'assaisonne de morale, le saupoudre de patriotisme.

Il se lit à l'Abergement des journaux vertueux, émaillés de plantureux axiomes, des journaux de l'ordre moral. Rigolo y met le nez tout comme un autre, n'y entend guère, n'ayant jamais appris à rien entendre.

Histrion municipal et chauvin communal, Rigolo-Pain-de-Seigle, homme féculent s'il en fut, en chacun de ses développements au pied levé, ouvre sa parenthèse vertueuse et patriotique. Il est dévoué à son pays; son pays avant tout. Il veut la bonne tenue des écoles, une exacte administration des finances communales, les mœurs, l'ordre, la prospérité de l'Abergement-sur-Rioni. A l'en croire, on eût réglementé le libertinage à la façon d'Escobar et de Busenbaum. La parole n'a-t-elle pas été donnée à l'homme pour déguiser sa pensée? Rigolo n'a garde de mettre en oubli cette merveilleuse maxime du révérend père Malagrida, de la compagnie de Jésus.

Homme de paille du jésuitisme et maire postiche de ces messieurs de l'Abergement, vous n'allez pas m'en croire, il daigne rester maire, à toute force, jusqu'à la libération du territoire. Ni plus ni moins que Thiers, à satiété, en pleine réunion de notables, Rigolo se proclame nécessaire à la libération du territoire. Ah ! rions-en à nous tenir les côtes. Rigolo-Pain-de-Seigle indispensable à la France et à la libération du territoire ! *Surdus et absurdus,* Rigolo, ne vous l'avais-je pas dit ? *Has ultra metas...,* les colonnes d'Hercule du burlesque, Rigolo les a franchies.

Ni études, ni intelligence native, ni idées, ni relief à l'idée, ni parole. Ainsi maltraité de la nature, être dépareillé, contrefait d'esprit et de cœur et délaissé de chacun, Rigolo, bien décidé au bonheur, ne s'abandonna pas lui-même. Il n'aura ni talent ni connaissances, ni mérite, ne sera jamais tenté de repousser la calomnie par la gloire, soit. Trempé dans la vulgarité et l'inélégance, comme tel autre dans le crime, on ne le verra point, vêtu de splendeur, nager en rayonnantes effluves. Qu'importe ? A lui la fortune. Le destin n'a-t-il donc pas mille formes diverses sur notre globe sublunaire ? Entré dans la

vie par une rude porte de guerre, le voilà en grand
chemin de mal faire, point homme à mettre les gens
entre sa chair et sa chemise, soyez-en sûrs.

Fleur de l'idéal, plus venimeuse, a-t-on dit quelque part, que le mancenillier et l'arbre upas, jamais
tu ne t'épanouis au cœur de Rigolo, pas plus que
son âme ne s'enfonça aux abîmes de l'amour, que
son sens ne se prit au vin capiteux du désir et de
la volupté.

Trois ans dans l'officine d'un Mathusalem Élias
quelconque à copier des baux de trois, six, neuf,
voilà son noviciat et son apprentissage de la vie.
Une dot plantureuse à empaumer, ce fut tout le roman de ses rêveuses années, de l'âge des audaces
et des longs espoirs.

Modeste, effacé, Rigolo-Pain-de-Seigle en sa vie
sans horizon? Le croyez-vous? Vous le connaissez
mal. Cheval hongre, tout porte ombrage à Rigolo.
Livor edax. Tendu et malaisé comme talent mécon-
tent et génie méconnu, rogue, infatué, cassant et
péremptoire, ne sachant, en vérité, voir l'autorité
que derrière l'insolence, Rigolo-Pain-de-Seigle se
drape dans ses terres au soleil et son vide jargonnage d'affaires. Hérissé, de toutes parts épineux,
véritable oursin de mer, Rigolo, à l'Abergement-

sur-Rioni, a posé la borne du génie défensif. Fin
des mondes circulaires et rayonnés, à l'Abergement, Rigolo n'entend pas qu'on le mesure, qu'on
le dépasse encore moins. « Ça n'a pas mille écus de
rente, noblement disait M. de Castries à propos
de Voltaire et de Rousseau, et ça veut raisonner de
tout. » Joli mot que Rigolo eût trouvé peut-être,
si jamais Rigolo-Pain-de-Seigle avait pu trouver
quelque chose.

Vint le 24 mai. Trop long à croire la France républicaine, disait-on de Thiers partout. Trop prompt
à glisser à gauche, reprenait la conspiration cléricale. Thiers, de Bordeaux à Versailles, avait servi
de parachute aux monarchistes, de serre-frein aux
impatiences radicales, d'éducateur aux politiques
de la République. La droite de l'Assemblée le jeta
par-dessus le bord. Plus de lest, l'horizon se ferme
et tout se désenchante.

La France eut Beulé, le *beulant* ministre des espérances monarchistes, l'impuissance et le gâchis,
aussi loin qu'on put s'étendre. Le département fut
dévolu à un proconsul de l'ordre moral, séminariste
périgourdin de la plus belle eau. Olympienne hécatombe de municipalités autour de lui. Ces messieurs
de l'Abergement s'agitaient dans leur conciliabule.

Pépuan grommelait à la cantonade, Libri insinuait.
M. de la Chataigneraye, notre Cassandre municipal,
bégayait une manière de résolution et de décision.
Fortuné hasard, la mairie était vacante à l'Aberge-
ment-sur-Rionj. Qui nommerait-on ?

Nul de ces messieurs de l'Abergement n'était en
passe d'arriver, avec la loi municipale de 1871 et
une majorité républicaine dans le conseil. Le
comte de Studéas, toujours prompt à la gaudriole
politique, murmura le nom de Rigolo-Pain-de-
Seigle à l'oreille de Malebranche.

— Rigolo-Pain-de-Seigle, *auri acra fames*, s'écria
Malebranche en veine de citations estropiées, c'est
mon homme. *Teneo lupum auribus*, je tiens le loup
par les *orteils*.

Corbineau sonda le terrain, parla vaguement d'une
régie du château de Chambord. Affaire conclue. *Sic
vivendum, sic pereundum*, comme dit Tacite, à la
vie et à la mort. Rigolo-Pain-de-Seigle est d'esprit
aveugle et tortu. Rigolo-Pain-de-Seigle aime à pê-
cher en eau trouble, a un faible pour les régies.

Dédaigné de la droite, antipathique à la gauche,
Rigolo-Pain-de-Seigle passa comme une lettre à la
poste, et partit sur l'aile du bonheur, aile étenduc,
croyait-il, à voler contre les orages. Unanimité des

suffrages. Unanimité de Bazaine, il est vrai, qui demande elle-même à être révisée.

— Bah! disait M. de la Chataigneraye, le résultat obtenu, on le laissera sur le sable. D'une pierre deux coups, Rigolo pour jamais acculé au cléricalisme avec nous, et les républicains camus, à l'Abergement, repics et capots. En tout cas, loi tournée, éludée, municipalité pantelante et embourbée.

— Après tout, s'en allaient les gauchiers, il n'est pas clérical. Les frères, Gédéon Odobez, ce chef de fanfare renté par la ville, et entêté à ne jouer que pour l'Église et les congréganistes, c'est son cheval de bataille à Rigolo, son *delenda Carthago*, à chaque séance.

— Va, va, mon bon, disait quelqu'un dans la coulisse, va, tu en resteras sur la bonne bouche, et il n'y aura guère que tu t'en iras, la tête la première, par-dessus le pont. Autant de déblayé parmi les non-valeurs et les nullités du parti.

Rire clignotant à droite, rire clignotant à gauche, rire clignotant à Corbineau, rire clignotant à la préfecture et au proconsul de l'ordre moral, mine plate et sournoise, aile silencieuse, vol de chat-huant, aile étoupée de ouate, Rigolo jouait serré.

Rigolo prenait du champ et se gardait à carreau.
Rigolo-Pain-de-Seigle donnait sa démission cou-
verte d'avance par un refus du préfet périgourdin.
Démissionnaire la veille, Rigolo revenait sur l'eau,
était toujours maire le lendemain. A chaque dif-
ficulté, Rigolo démissionnait, fidèle à sa manœuvre. Les républicains du conseil n'y comprenaient
rien et ne savaient en vérité à qui entendre.

— Donner et retenir ne vaut, murmurait-on de
toutes parts en ce milieu tiède et pâle où clapote un
peuple obscur de convictions mal assises, au fond
pourtant très-bien arrêtées.

Les droitiers seuls se croyaient dans le secret de
la comédie, se le gardaient bien et riaient sous cape.
Illusion et sécurité de taupinière. Si souterrains que
soient les cheminements, encore, pour qui a l'œil
au grain, en est-il des traces à la surface.

Quand arriva le dénoûment, et la séance finale,
Rigolo, je ne sais comment, se trouva pris aux lacs
de ses propres filets. Que voulez-vous? toute rose
a son puceron.

Il s'agissait des congréganistes. Supprimés en 71,
on comptait, par une marche de flanc savante, vrai
enchevêtrement de fatras administratif et réjouissante complication dédalienne, les réintégrer en 73.

Rigolo-Pain-de-Seigle était sûr de son coup fourré.
Idée fantastique et luxorienne en apparence, mal-
heureuse réminiscence, en réalité, et gauche parodie
de l'évolution Target, au 24 mai, Rigolo-Pain-de-
Seigle, en passant clandestinement à droite, entraî-
nait deux voix avec lui. Une seule le suivit, l'autre
n'osa. Scrutin dépouillé, il y avait partage de voix.
Le maire Rigolo marchait dans les ronces, sur des
charbons ardents. Le gibier allait manger le chas-
seur.

Pas de clerc énorme, décisif, mon pauvre Rigolo!
Ni échappatoire, ni compromis possible. Il te fallut
décliner ta mésaventure et tout haut déclarer pour
qui tu avais pris parti.

Démission en masse de la majorité républicaine
dupée par son maire, insuffisance légale du nombre
des conseillers, élections complémentaires néces-
saires et obligatoires, déroute de la droite, majorité
énorme à la gauche. Rigolo se tiendrait-il pour
battu ?

Le préfet périgourdin prit la plume ; Corbineau
vint à la rescousse ; Claude Bazu, le successeur d'A-
livergot, visita ; Impudentius pria, supplia, pleura
même ; Vauquier, bonapartiste en disponibilité, re-
lancé par son Égérie, donna de sa personne : et Ri-

golo-Pain-de-Seigle, raffermi, aguerri et remis en selle, ramena devant son conseil son rire clignotant et son crâne indécent. Mal lui en prit. De hautes paroles s'en suivirent. Rafales, orages, tempête grosse d'éclairs, pleine de foudres. A Rigolo on porta maintes flanconnades, qu'il ne savait, qu'il ne pouvait parer. Quelques excuses barbotées, voilà tout. Entré à la mairie par une porte de derrière, il fallut le prendre tout coléré par les épaules et le jeter hors par la grand'porte.

Moralement usé comme soutane de Gent de Préval, notre vieux juge de paix, comme croupière de baudet de louage, une nèfle sur sa paille désormais, ce malheureux Rigolo-Pain-de-Seigle. Fragilité et pur néant de l'homme!

« Elles vibreront, les portes saintes, avaient dit, le soir du vote clandestin, les hobereaux embéguinés et les congréganistes, à leurs propres yeux déjà ressuscités vers leur aurore. La vive étincelle est au seuil, bientôt tout rira de lumière. » Quelle déconvenue le jour où la majorité républicaine fut reconstituée par les élections complémentaires et exécuta Rigolo! Les déceptions s'en prirent à ce pauvre maire postiche.

Son dévouement, ses malheurs, ne donnaient-ils

donc à Rigolo-Pain-de-Seigle pied dans les coteries
géntilhommières? Rigolo s'en voulut le cœur net.
Tout flamblant neufs de confections parisiennes, les
époux Rigolo s'aventurèrent. Chez Malebranche,
porte close ; Le nez s'allongeait en madame Rigolo. Chez M. de la Chataigneraye, porte close,
porte close chez M. Minié de la Roque. Quel pied
de nez, madame Rigolo ! Rigolo-Pain-de-Seigle en
eut mine sérieuse et pensive de héron à jeun au
long d'une mare.

Entre deux selles le cul par terre, va, lamentable
centre gauche sur ton sac d'écus chaviré, aux conspirations clérico-légitimistes, va, je ne te plains pas
en ton actuelle amertume et marisson.

Que les congréganistes et tutti quanti aient cru,
en cette piteuse et tragi-comique occurrence, devoir
remettre leur plumet, à l'Abergement-sur-Rioni,
pour moi, il ne m'en chaut guère. Volontiers le ur
dirais-je avec Tibulle, le poëte des vieux âges :

Carpite nunc, tauri, septem de collibus herbas,
Dum licet. Hic magnæ jam locus Urbis erit.

« Paissez, bétail encorné, broutez l'herbe des sept
collines. Vous le pouvez encore aujourd'hui. De
main, ici même, s'élèvera la grande Cité. »

GILLES CALPIGI

La plus célèbre cantatrice
De moi fit bientôt, par caprice,
Un simulacre de mari :
Ahi ! povero Calpigi !

Mes fureurs ni mes jalousies
N'arrêtant point ses fantaisies,
J'étais chez moi comme un zéro :
Ahi ! Calpigi povero !

Je résolus, pour m'en défaire,
De la vendre à certain corsaire,
Exprès venu de Tripolli :
Ah ! bravo, caro Calpigi !

Le jour venu, le traître d'homme,
Au lieu de me compter la somme, :
M'enchaîne au pied de leur châlit :
Ahi ! povero Calpigi !

(HENRI HEINE.)

Ane de plat pays et méchante bête, non point bête
de haut parage, disent les gens de l'Abergement,
qui le montrent au doigt et à l'œil. — Allez, allez,
bonnes gens, Calpigi sait son métier. — Car ni plus
ni moins que le povero au Reisebilder de Henri
Heine, il a nom Calpigi, ce nez inquiétant sur fa-

rouche moustache en racines de réglisse; la tour de
Pise pendue sur filaments échevelés en touffes rê-
ches et desséchées.

Qu'il tonne fort là-haut, sur les sommets du suffrage universel, Gilles Calpigi mange aussitôt dans
la main des républicains. Le voilà de par eux con-
seiller municipal. N'ayez crainte, Calpigi n'est pas
homme à troubler l'équilibre des partis. En avant
le bulletin blanc! Conciliant et méticuleux, Calpigi
de murmurer : « Vous voyez, messieurs, je mets un
bulletin blanc. »

Que Thiers, le fils de Voltaire et de la Révolution,
soit menacé par la meute cléricale de Versailles,
tortueux comme labyrinthe, Calpigi vote pour les
frères de l'École chrétienne et les congréganistes,
se gonfle en ses rodomontades et son humeur bra-
vache. Lièvre clérical et papiste, il tire des coups
de pistolet dans les foires gentilhommières, et se
sent un foudre de guerre. Matamore lilliputien,
écoutez-le. Il parle de crever la paillasse, de ferrer
avec deux gendarmes la canaille de l'Abergement.
Pompier honoraire de l'armée de la foi et de l'ordre
moral, saturé de fautes et fatigué de péchés, il
ne doute plus de rien. Barbon rasé de frais, frotté,
poncé, vieilli à point, engageant et souriant, il se

voit tête de mai avec giboulées d'avril. Bravo, caro
Calpigi!

Profil en fer de hache, maigre hure, oreille en
évent, loin de la tête, pétite âme, chétive carrure,
tempe serrée, grimée par l'avarice, joue couperosée,
crevassée, ravinée et saupoudrée de poivre, front
aplati d'astuce vulgaire, regard écarquillé par l'intelligence du beau, l'horreur de l'idéal; gros yeux
bleu passé comme violettes cuites au lait, paupière
plissée, froissée en papillote d'étrenne; petites
jambes ébréchées, jambes abstraites, en vérité, perdues dans l'ampleur de leur blanc pantalon en
blutoir de moulin, ramassé sur tibias ratatinés; paletot de bateleur, étriqué et mesquin; armet de
Mambrin et chapeau à l'enfant de canotier adolescent : c'est Calpigi, la batte d'arlequin à la main, le
poil teint et bigarré des frimas d'hiver, trois lustres
en çà, amoureux de la Gélinotte, maintenant confiné
à l'Abergement-sur-Rioni, au lazaret des conservateurs myopes et hobereaux frelatés. La vie est-elle
donc décidément une maladie, ainsi que le veut le
poëte, et le monde embéguiné de l'Abergement-sur-
Rioni un hôpital?

Une montée laborieuse, soixante printemps durant, semée de heurts et de cahots, de soubresauts

en maintes morales fondrières, que la vie de ce petit
homme pointu, avant d'échouer en la dévote cabale
à l'Abergement-sur-Rioni, où Gilles Calpigi, en attendant l'heure funèbre du coche mortuaire, a pris
ses invalides. Bien des fois dut-il mettre de l'eau
dans son vin, s'héberger à la cuisine de l'occasion,
bien des fois s'ébrécha sa vertu, laissant de sa laine
aux épines du chemin, en cette rude traversée, qui
le conduisit des jeûnes de la bohème ouvrière aux
amertumes des compagnies de discipline, en Afrique,
du décousu des journées sans ouvrage aux déviations de l'amour algérien, malheureux, *cui Grœcu-
lorum nec satis displicuere mores*, selon le dire de
Lampride.

En ce monde, qui chaque jour se détraque et va
de mal en pis, que de croix et souffrances, povero
Calpigi!

Fleurit enfin le second empire, et s'épanouit le
règne des fils de la Corse aux fruits amers comme
miel de Sardaigne. Calpigi se souvint des lieux d'où
il venait. Sébastiani, Piétri, Calpigi, tous noms qui
riment à gabigie. Calpigi se fit dilettante de l'impé-
riale inquisition, mouchard de haute pègre. Rediseur archipatelin, espion, l'habit de deux paroisses,
un pied dans le camp bonapartiste, l'autre dans ce-

lui des républicains, réjouis ton cœur, povero, te
voilà payé, renté, décoré, hors de détresse. Bravo,
caro Calpigi!

Un rayon de prospérité et réussite donne parfois
d'étranges vapeurs. Pourquoi Gilles ne cueillerait-
il, lui aussi, la douce fleur d'amour? Il s'éprit de la
Gélinotte. Providence, nom de baptême du hasard;
hasard, sobriquet de la Providence, ce sont là de vos
coups! Calpigi revenait sur l'eau et le voilà noyé.
Qu'y faire? Amour n'a pas de loi, est à lui-même sa
propre loi, chantait Boèce.

Joli corps de logis, ma foi, frisque et fringant,
des plus habitables, que la Gélinotte, pimpante à
empiéger plus d'un sot, femme aux principes en-
volés, sans doute, d'une beauté fort ébréchée et
presque ruinée aujourd'hui, je le veux, mais la
gorge mutine, il y a quinze ans, le sein franc, net
et grassouillet, sylphide toute grâce et toute séduc-
tion, de chatoyante pupille, pleine de promesses en
son velours aux chauds et profonds rayons mor-
dorés comme au corps de l'abeille, d'allure indolente
et abandonnée, et puis toujours si gentiment pos-
turée, quand ses fronfrons faisaient fureur à Paris,
en certain beuglant du pays Latin. Miel et lait,

c'étaient ses baisers, disait, en son épique prolixité d'amour, quiconque en avait eu la joie. — Peuh! fille gâtée et grenouille éhanchée! reprenait qui en avait voulu l'aubaine, en avait couru la bague et avait dû en rester sur son appétit. Fille gatée, ce m'est tout un. Toute lèvre n'a-t-elle son goût? C'était du moins l'avis de Gilles Calpigi, qui, chaque soir, très-goulûment l'avalait des yeux, de plus en plus s'engantait de la jolie chanteuse.

Qu'y faire? Avoir femme à tenir les reins chauds l'hiver, l'estomac frais l'été, quelqu'un toujours là, quand on éternue, pour vous dire : Dieu vous bénisse! est-ce donc rêve si étrange? Un beau cerf de meute que la Gélinotte d'ailleurs. Calpigi résolûment empauma la voie. *Manibus et pedibus, o Calpigi, descendo in sententiam tuam.*

Où trouver, en effet, meilleure pâte de fille que la Gélinotte, si elle n'eût été rieuse d'un impitoyable rire? Quand Calpigi, las de se donner au diable, voulut risquer le paquet, mettre ses mains en course et tout de bon aller au pillage, la drôlesse, de sang bouillant et d'âme si mutine, en rit d'un pied carré. Un bon signe, quand les femmes sourient, pitoyables et douces; mais quand elles rient, c'est autre chose. — Un plumet de belle force, pour

triompher d'une femme sans le sacrement! disait-
elle. Façade morne et dégradée, joli ordinaire pour
mes vingt-cinq ans, vraiment! Rare panneau de
vieux chêne, ce cou de tortue gercé de longues rei-
nures brouillées et enchevêtrées!

Corsaires à corsaires
L'un l'autre s'attaquant ne font pas leurs affaires.

Calpigi le vit bien. Ton de poule laitée, bagoût de
caserne, platine de méridional, n'y servaient guère;
ruban rouge à la boutonnière non plus. Calpigi
avait beau se gratter, s'il ne lui démangeait, il
lui cuisait. Chaque jour, il lui fallait rentrer, tête
baissée et oreille basse, humilié et lamentable en sa
marche oblique, cauteleuse, trottinant et clopinant
de côté comme un chien qui revient de vêpres.
Riche moisson de rire et de surprise pour les gens.
Povero Calpigi!

Chanter ses doléances aux gonds et verrous sa
de dulcinée, est-ce là un métier? Bon gré mal gré,
Calpigi en passa par le sacrement. En un tourne-
main, la chose fut consommée. Ahi! povero Calpigi !

Pendant huit jours, chaque pas de Calpigi fut

comme un hymne et une joyeuse fanfare. Gilles,
pourtant, n'en eut que pour son argent. La Gélinotte avait vendu le pot, non l'anse. Au bout d'un
mois, certain blondin de la plus belle eau, blond
comme le lin, de teint rose, de fraîche haleine, de
douce et transparente carnation de clair de lune,
vrai mignon de couchette, avait attiré l'épousée au
change, l'avait aimée d'une merveilleuse dégaine,
et lui avait faussé la brèche. Tel est pris qui croyait
prendre, a écrit le bonhomme. Cocu et bec cornu,
plus d'un a peine à digérer la chose, et marchand
qui perd ne peut rire. Calpigi en tomba de son
haut, fit du bruit. Comme guenon sur cheminée,
en riait la mignonne. « S'il n'est content, la corde
est au puits, » dit-elle. Ahi! povero Calpigi!

Servir de quintaine à nos deux amoureux, se
plaire en son chagrin, se nourrir d'amertume;
martel toujours en tête, chercher à prendre le galant à ses barres, à quoi bon? Calpigi s'en vint à
l'Abergement, terre classique de catholicisme obs-
curant. La Gélinotte le laissa faire et promener
son béjaune à son aise. Elle cueillait ses enfants
à Paris, les baptisait à l'Abergement. Deux ou
trois semaines durant, Calpigi était admis aux ro-
gnures, et la colombe s'envolait au lointain pays.

Eh! qu'importe? La soupe de Calpigi en est-elle
moins grasse? Ignorant comme bon militaire et excellent sous-officier, ignorantissime, ignorantiflant
et ignorantifié, mais libre de préjugés en morale,
s'en pavane-t-il moins dans la haute livrée, côte à
côte avec Libri et Pépuan, content comme Diogène
en son tonneau, parmi les plus apparents de l'Abergement-sur-Rioni, recrues plébéiennes qui se veulent d'illustre vétérance, lis qui ne travaillent ni
ne filent. Comme à Mathusalem Élias, disent les
naïfs, mieux lui vaudrait une bonne conscience.
Demandez donc à la Gélinotte de se refaire une vir-
ginité. Le badigeon des sacristies y suffit. Par le
bœuf Apis et le flanc saignant de Christ, je vous le
jure, le cœur de Calpigi rit et palpite de félicité et
d'espérance en la bigote séquelle. Clown et gracioso
du peuple des élus, il n'est si scabreuse voltige qui
ne lui semble de plain-pied.

Exposé à toutes les intempéries de ce monde
d'ustuberlus, sable mouvant de caprices puérils, où
Calpigi trouvera-t-il chaperon suffisant, paratonnerre et boussole? Malebranche a ses pèlerinages
divers, le blanc brimborion *Rome et Chambord ;* ses
chapelets à gros grains, reliques pieuses de ses dévotes pérégrinations, ses fétus de paille, mélanco-

2.

liques souvenirs de Pie IX en son affreux cachot
italien. A chacun de ces messieurs son noble paren-
tage. Toute l'armée du peuple de Dieu, la gent des
hobereaux embéguinés, a son langage tatoué, ses
agitations de fourmilière autour d'un brin d'herbe.
Légitimiste malgré ses dents, Libri a sa psalmodie
nazillarde et traînante; Mathusalem Élias, le happe-
chair de saint Vincent de Paul, son susurrus patelin, mystérieux et clandestin; Pépuan, sa gaucherie
anglaise, son encolure de sanglier, son repart brusque, son accueil loup-garou, sa méchante éducation
et ses allures de boule-dogue terrier. Il donne au denier de Saint-Pierre, monte les processions, brasse.
la matière électorale. Gent de Préval, notre amu-
sant juge de paix, de si boiteuse justice, aussi
autoritaire qu'inexpérimenté, est tout fleuri de
bouffonnes maladresses, d'attitudes boursouflées.
Ses importances sous-cutanées s'épanouissent,
l'heure venue, en majestueuse et magistrale
sottise.

Calpigi, lui, ni ne donne au denier de Saint-
Pierre, ni ne hante les pèlerinages, encore moins
entretient-il les cérémonies de l'Église : il en coûte.
Il n'a que ses phrases en fausset, ses raisonnements
flatueux, son sourire de bois, son âme grise et

terne dans son petit corps de toile cirée, son pistolet de paille, son sabre de bois et son ébouriffant plumet tricolore de garde national destitué, un ressouvenir du combat des rats et des belettes.

Calpigi, en effet, a été commandant de la garde nationale, à l'Abergement-sur-Rioni. Que voulez-vous? Il faut tant de baïonnettes aujourd'hui pour soutenir la religion du *compelle intrare!*

Qui l'a vu une fois, n'oubliera jamais tel paladin éraillé, flamberge au vent, sur destrier de louage ; la pulmonie caracolant et au galop. A ces messieurs de l'Abergement-sur-Rioni, bons à rien par droit de naissance, froids et irréprochables épiciers de la vertu, sans force pour le bien, sans force pour le mal, il fallait un bouche-trou. Ils ont pris l'homoncule, virtuose des compagnies de discipline. Leurs fils n'en ont que mieux échappé aux levées en masse de Gambetta, et les républicains de l'Abergement du moins étaient-ils entre mains dévouées à la gentilhommerie embéguinée et à l'Église.

Si Calpigi ne se voit ni à la Salette, ni à Lourdes; si, au rebours des Richomme, des Chataigneraye, des Malebranche et des Prensac, il ne parle ni de sa particule postiche, ni de son blason de carton-pâte, ni du terrier, ni de la directe, ni des lods et

ventes de ses nobles aïeux, encore a-t-il son théâtre
à lui et ses exploits.

Qu'il y ait à l'Abergement-sur-Rioni fricassée de
fêtes, pour user des termes de Béroalde de Verville,
et pannerée de mystères, sermons et processions,
il brave, à l'église, le jour vert et malsain de la nef
des hommes, édifie toute la paroisse du spectacle
de sa dévotion. Jonglerie et dévotion de bateleur
peut-être? N'importe! Dévotion s'allie à tout, et
hypocrisie bien souvent à l'Abergement est sœur
jumelle de religion.

Calpigi embrasse les hommes sur la bouche, doux
regain des mœurs d'Afrique, lève la Vierge, Vénus
dolorosa de l'Abergement, déshabille les saints,
couche le bon Dieu de Pitié. — Une main ne lave-
t-elle l'autre, se dit-il, et n'ai-je de quoi me mettre
en bonne odeur? Demandez, en effet, à Claude
Bazu, le successeur d'Alivergot à la cure de l'Abergement sur-Rioni.

Au temps de sa gloire et de sa fleur, Alivergot se
fût croisé les bras devant Calpigi en oraison, l'eût
ainsi désigné pastoralement à l'admiration des
fidèles et dévotes ouailles. Alivergot avait puissante
carrure de buffle. Il ne lui en montait au ventre
que plus de cœur et d'audace. Alivergot, chacun le

voyait assez, était de l'église triomphante, comme
Kaminabrowski, son vicaire polonais, était de l'E-
glise militante par sa façon dégagée et délibérée de
saluer les gens dans la rue, en portant lestement et
d'un cœur distrait l'index à son rituel couvre-chef,
trop crasseux, hélas! pour être d'ordonnance. Claude
Bazu, lui, huileux et gluant, est chétif de nature,
honteux et humilié dans son corps, un humble es-
suie-plumes de bureau, un modeste radis noir, sans
rayonnement ni prestige. Alivergot marchait dans
la vie, sûr de lui-même, portant haut le nez, ni
plus ni moins que si le ciel lui eût en propre appar-
tenu. Bazu, c'est bien manifeste, ne s'en est jamais
senti que le tenancier et le fermier. Il n'est, lui,
pauvre Bazu, que de l'Église souffrante, comme
l'abbé Regnet est de l'Église écœurante.

Aussi Bazu, dans sa solennelle revue cléricale du
dimanche, passe-t-il, ainsi qu'il sied à sa maigre
nature, l'œil faux et baissé, les bras gauches, sans
un geste, un mouvement de corps quelconque,
près de Calpigi tout à son livre d'heures, ne dit mot,
mais tient bon compte à Calpigi de ses postures
recueillies et humiliées. *Cunctando restituit rem,*
dit-il tout bas avec le vieil Ennius.

Calpigi, de vrai, a bien mérité de la sacristie, de

plain-pied désormais avec la gentilhommerie embéguinée. Ignorance profonde et dédain des choses
de l'ordre naturel, entêtement aux choses divines,
hors de portée, d'examen, de contrôle ; crédulité
puérile et cauteleuse défiance tout à la fois, tiède
vulgarité, routine moutonnière en cette consomp-
tion des générations, idées tristes et vermoulues du
mercredi des Cendres, Calpigi a tout l'esprit de l'A-
bergement, ce puissant. narcotique, plus puissant
que l'opium. Bazu lui fait bonne justice en son
cœur.

La guerre et le siége de Paris ont enfin rendu à
Calpigi sa volage Gélinotte. La dent de la dame,
d'ailleurs, s'était faite trop blonde, presque maré-
cageuse. La bouche n'haleinait plus que cachou, et
le sein flottait, ondoyant à donner le mal de mer.
L'Église n'y regarde pas de si près.

De dame Calpigi Bazu fit une dame de charité.
Grand honneur et douce récompense pour Calpigi,
son mari. Elle quête à l'église, brode les aubes et
surplis, fait paradis et reposoirs pour la Fête-Dieu.
Femmes sont anges à l'église, diables à la maison,
singes au lit, prétend Béroalde de Verville.

Diabolisée jadis, la Gélinotte se divinise en son
déclin, se berce d'amollissante rêverie d'église, de

stérile sentimentalité. Marche-t-elle donc, en l'atmosphère d'hôpital de la gentilhommerie bigote, les sens absolument bouchés?

O Vénus, ma belle déesse,
N'êtes-vous plus diablesse?

C'est affaire à Calpigi, non pas à nous, et honni soit qui mal y pense!

Pour Calpigi, notre catholique marron, quand, au dernier jour, l'archange saint Michel, selon les traditions samanéenes de Babylone passées aux Esséniens syriens et aux Sadducéens juifs, embouchera le sacré cornet à bouquin, le Schofar du grand rabbin de la Synagogue, ver de terre aujourd'hui et myrmidon clérical, Calpigi se relèvera du tombeau, il l'espère bien, ange de première classe avec des ailes de plumes blanches et roses.

En attendant, que faire de ses heures et de ses loisirs en ce brouillard épais et blanc du bigotisme, en cette terre refroidie d'ombrageux cléricalisme, où jamais ne saurait prospérer la libre fleur de la pensée?

Acteur chuté du républicanisme, vieille fille de joie des sacristies et vivandière affairée de l'armée de la foi, d'Henri V et des jésuites, Calpigi clabaude

de l'un, clabaude de l'autre, glapit ici, glapit là, rival heureux, triomphant, de Mariette et de madame
Poinsot, ces deux âmes pieuses, et candidat aux
mairies hybrides du septennat, ce gouvernement
encorbellé et portant à faux.

L'ABBÉ REGNET

Numquid Deus indiget mendacio vestro?

« Qu'a-t-il à faire, le Dieu du ciel, de tous
« vos mensonges? »

De tel ample et long cafetan de laine noire sur
charpente effondrée, Corbineau ne s'approche
qu'avec tremblement et profonde révérence, écoute
avec recueillement, si de ce crâne désert et nu comme
ver il s'élève, brumeuse émanation d'âme expirante
et déjà sur la lisière de toutes choses, un semblant
de pensée tonsurée, si de ces lèvres de caoutchouc
vulcanisé il s'échappe un monosyllabe qui rompe le
silence pythagorique où vit habituellement renfermé
Regnet, indéchiffrable comme l'obélisque.

Perméable à la lumière, son ventre hypernégatif,
squelette du ventre de Pidenchet, est-il ainsi dia-
phanisé par les pratiques anachorétiques, le jeûne,
le spiritualisme chrétien poussé jusqu'à la morti-

A. BOUILLET.   3

fication? On le suppose pieusement autour de lui.

Ce long visage superflu, cette poitrine rentrée, ces omoplates bridées en profondes salières ; morne, tannée par le temps, cet insigne larron, la tête, gourde évidée, girouette machinale sur pivot depuis longues années lavé et strié par les pluies d'orage, et cette longue et unique dent, solitaire de la bouche de Regnet, ah ! pour les imaginations féminines de la gentilhommerie cléricale, une mixtion religieuse du plus haut goût, une pagode de Jaggerneau, ce lacustre prophète du passé. Oison patté et bridé, on le voit tout ému de l'esprit d'en haut.

— L'ancien des jours de Daniel, s'écrie, en son extase d'aloi équivoque, véritable extase avortée, le virtuose de la conversation flûtée à l'Abergement, Malebranche, tout heureux de paraître avoir lu les Écritures.

— Guingois divin, sainte gaucherie ! repart Dorval, pris de pieuse émulation.

Ainsi qu'à l'approche des sanctuaires, en abordant, dans sa chemisette de taffetas, le fauteuil à franges de clinquant, siége ordinaire du sacré personnage, Préval, notre tête éventée et congéniale berlue, volontiers ôterait ses chaussures. Pour Éliacin Adjacet, c'est vigile-jeûne, retraite, silence de trappiste en sa maison, la veille de ses visites à Regnet. Calpigi ne se sent digne, prétend-il, de parler à Regnet que le front dans la boue.

A pleine tête, d'humilité Libri en crie à Dieu :

— *Calca me pedibus, sal infatuatum :* Foule-moi aux pieds, moi, sel désormais sans saveur.

A quatre, pour n'en pas rire dans sa barbe, s'en tient M. de Studéas.

Pépuan, lui, on le sait, n'a pas le zèle éloquent. Potiche en droiture venue de la Chine, la fleur du Milieu, il se tient immobile et muet; un Siamois, au sourcil rasé, l'écran talipat à la main.

— Ils tâtonnent en aveugles dans la lumière du midi, grommelait un jour tout bas, entre chair et cuir, Vien de la Perrière, consterné de tant d'enfantillage et d'abaissement.

L'égarement de ces messieurs de l'Abergement, arrêtés devant le fantôme de leurs traditionnelles superstitions, passe, en effet, toute créance. *Evanuerunt in cogitationibus suis, et obscuratum est insipiens cor eorum... Tradidit illos Deus in desideria cordis eorum, in immunditiam.*

Le temps veut parfois, dirait-on, sortir de ses

gonds, pour parler avec le poëte, et les jours nouveaux marcher sur la tête des vieux jours. Tout
s'en va, hommes, dieux, traditions, croyances. Rocailleux comme hexamètres de Chapelain, partout
le pavé blesse le pied qui s'y pose et s'aventure.
Dieu, loi de l'univers, *ordo ordinans*, qu'es-tu devenu?

Les générations trépignent à ébranler le globe,
les passions grondent, et chacun de crier du plus
haut de son gosier. Toute magnificence du passé
semble vermoulue, tout mirage, toute ambition de
l'avenir rayonne de décevante réalité. Les cœurs se
troublent, les têtes s'égarent éperdues. Qui nous
rendra les saintes longueurs de l'éternité, la tiède
tranquillité d'âme des aïeux? A pareil mal, soupire-
t-on tout bas, nul remède qui ne soit bon. — Pilez
donc de l'eau dans un mortier, bonnes gens. — « Les
ondes succèdent aux ondes, se brisent une à une
sur le rivage, volent en poussière, mais la mer
marche toujours, » a écrit lord Byron.

Le mieux peut-être serait-il de rire. On ne sait,
on n'ose, on ne peut.

Pour porter coup plus sûrement, le passé, haine
des fêtes de l'avenir, se retourne aux cryptes religieuses, à la foi des vieux âges, demandant
héros évanouis le secret mystérieux de la force,

la puissance de jadis. Ainsi est fait le monde, et toujours de même sorte la chose s'est pratiquée.

Cimon d'Athènes, un grand nom classique, un homme de l'ordre moral du temps, exhume triomphant les os de Thésée, et, palladium de l'aristocratie expirante devant la rosoyante démocratie de Périclès, les enferme au temple encore aujourd'hui debout parmi les antiques ruines de la cité de Pallas-Athéné. Pour assurer son vol impérial, à l'aurore des splendeurs germaniques, des luttes du sacerdoce et de l'Empire, Othon Ier, empereur d'Allemagne, descend au tombeau de Charlemagne, le grand inaugurateur du cléricalisme en Occident. Au seuil de la Renaissance et des temps modernes, François Ier évoque, en son chevaleresque sépulcre, Roland, le preux paladin du moyen âge. A son tour, Sébastien de Portugal, vers les temps qui couraient aux Indes et aux lointaines découvertes, n'avait-il pas fait ouvrir les royales retraites où dormaient ses aventureux aïeux, glorieux boulevards de Christ, en leur foi naïve et ingénue, contre Mahomet, son frère en monothéisme arabe?

Marionnettes héroïques et marmousets de gloire cléricale et jésuitique, ces essieurs de l'Abergement. Pour eux, ni Thésée, ni Charlemagne, ni

Roland, nuls ancêtres à évoquer, pas même une
miraculeuse station mariolâtre où appeler le brou-
haha dévot et l'agitation sénile des sacristies.

' Jouer leur rôle et faire leur partie dans une parodie quelconque de la Restauration, ce bizarre ana-
chronisme politique, ces messieurs le voudraient.
Pour s'inspirer, ils n'ont que l'abbé Regnet, une
borne quasi centenaire, momie vivante des temps
d'avant 89, héros des peurs chimériques et des
traditions naïvement sinistres, parmi les claqueurs
et chevaliers du lustre paroissial.

Ombre sur qui le sceau des vieux âges est im-
primé, Regnet peut-être a-t-il été savant jusqu'aux
dents, tout confit en théologie? Point. Pour qui en
voudrait savoir le vrai, Regnet a toujours marché
dans les sentiers d'ignorance et de foi; des sciences,
de la littérature, de la philosophie, de sa vie n'a su
grain, en tout bannissable de la docte république
des lettres. C'est chose avérée. Tête ordinaire
du bétail de Dieu et semence future des pédago-
gues de l'Église, pour sûr et certain Regnet ne fut
jamais qu'espèce vulgaire et âme terre à terre;
point esprit de haute lignée, ni beau fils et mus-
cadin tonsuré, ni bel esprit à l'eau bénite, point
même pourceau d'Épicure en capuce, moine bien

buvant et bien crapulant, bien broûtant et en bon corps, frère de jubilation, vrai enfant de la joie, de latin d'occasion épiçant et parfumant ses banquets, chaque jour la tête entre deux marteaux.

Ignorant à cent carats, l'enseigne fait la marchandise, se disait benoîtement Regnet, au couvent des Augustins, où l'avait relégué monsieur son père, René Roydor, maire et gros bonnet de l'Abergement-sur-Rioni, capitale et reine de ce petit coin du bassin de la Loire si beau d'assiette et de nature. Avoir bon temps, aise et repos, rester bœuf à l'étable et ne rien faire, c'était tout le rêve de Regnet. Ah! la bonne créature!

Tout au plus, en sa longue existence, cite-t-on de lui un trait d'à-propos et d'esprit.

Par solennelle procession, suivant la coutume, on demandait du beau temps à saint Garadeu. A torrent tomba la pluie. Cruelle déception pour ces messieurs de l'Église. « Le saint se trompe, dit tranquillement Regnet, il croit qu'on lui demande la pluie. »

A l'époque de sa sénile enfance : « Ces républicains et ces libres penseurs, se plaisait à répéter Regnet branlant la tête, écrasons-les avant que la griffe et la dent leur soient crues. » C'est à peu près tout ce qu'on en tira jamais en ses rares échappées et intervalles lucides.

Regnet n'avait donc pas précisément de l'esprit comme quatre. De ce chef nous ne le chicanerons pas. Toujours sa tête a passé pour sable mouvant, à se laisser conduire au premier vent.

Au prône Regnet s'entendait comme bœuf à jouer de l'épinette et moine à fouler la vendange. A la paroisse, on l'utilisait du mieux qu'on pouvait, le réservant aux prières, aux lectures à haute voix, le soir. A la messe, il lisait l'épître, et si drôlement, en son aigophonie et bégayant langage, chevrotait le mot *regnet*, que le nom lui en resta. Abbé Regnet, Augustin Regnet, nul ne le désignait plus autrement. S'il sut dire sa messe, ce fut grand'pitié de hasard et de routine. Personne, en effet, que je ne mente, n'eut jamais si ingrate mémoire.

Au lendemain du Concordat, en 1802, le jour où il devait reprendre place à l'autel tombait un mercredi des Cendres. Mettre la cendre au front des dévotes ouailles, naziller le *Memento quia pulvis es et in pulverem reverteris*, ce n'est là, à coup sûr, de quoi embarrasser le plus simple. Mais Regnet se savait par cœur. Comme on connaît les saints on les adore, se dit-il. Il s'était fait écrire par son frère,

curé de l'Abergement, les paroles sacramentelles en
un papier, que soigneusement il avait glissé en la
pochette de sa culotte. Prend-on jamais contre soi-
même trop de précautions ici-bas ?

Venu le moment d'officier et de donner les cendres, point de papier, point de *Memento quia pulvis
es et in pulverem reverteris*. Le matin, la bonne de
Regnet, diligente sans songer à mal, avait changé
la culotte. Grand désappointement. Regnet, mé-
dusé, en restait de là, les cheveux épars, ni plus
ni moins qu'un santon de Mahomet. A la guerre
comme à la guerre, et à la grâce de Dieu, pensa-t-
il résolûment. Il mit sur sa tête le rituel bonnet,
coiffure orientale du derviche, bonnet pointu en
dépit de sa houpette de soie, et il partit son plat
de cendres à la main. Que dira-t-il ?

A la première agenouillée de la longue file des
ouailles de l'Abergement, une jeune fille, de ces
bouches roses qui rient à toute heure, Regnet, sans
sourciller, mit la pincée de cendres au front : « J'ai
tout ce qu'il faut dans ma culotte, » marmonna-t-il en
son marmonnant langage de prêtre qui dépêche une
formule. A la seconde : « J'ai tout ce qu'il faut dans
ma culotte ; » et : « J'ai tout ce qu'il faut dans ma
culotte, » à la troisième. Ainsi jusqu'au bout. C'était

3.

merveille de le voir. Tel symptôme ne vous déna-
ture-t-il un tempérament, une maladie ? Que voulez-
vous ? la bête était toute telle. Qui donc a dit que le
monde des dévots était carnaval perpétuel ? Naïvement, au retour, Regnet conta lui-même la chose.

Point petit compagnon, d'ailleurs, et des moindres de l'Abergement, Regnet était fils de bonne
mère. Son père René Roydor, en sa jeunesse me-
nant l'areau et chantant aux bœufs dans les
champs, au milieu de sa vie, tenait le haut bout
parmi les bourgeois, le haut du pavé. Épouseur à
toutes mains, et toujours à qui plus lui donnait,
le blé lui était tombé à pleine faucille. D'une fille
qui avait de quoi, jeune fille, ma foi, fille de l'*âge
d'un vieil bœuf*, sa fortune avait reçu le dernier
coup. Ah! si René Roydor arrivait à faire souche et
maison qui dure!

Trivulce Roydor, son aîné, beau garçon, au bec
retors, était devenu Roydor de Goulenoire. Savon-
nette à vilain ou usurpation? noble avec terre,
noble sans terre? noble fieffé, noble non fieffé? On
n'en a pas gardé exacte souvenance. Tant il y a
qu'il n'était plus rien de trop chaud, rien de trop
froid pour Goulenoire venu à grand et noble état,
qui s'était rendu puissant et bonnement se croyait

de la côte de saint Louis. « Le paysan, répétait-il à qui le voulait entendre, a le droit de travailler sans jouir, nous autres de jouir sans travailler. Le paysan mange, le paysan boit, le paysan porte une chemise, haro sur le paysan! N'est-ce pas derrière le poêle que se trouvent les meilleures chansons de mai? » Goulenoire, on le voit, n'y allait de main morte, traitait de haut en bas et de Turc à More qui n'était emparticulé, se rengorgeant et se faisant fête de toute la fortune de ses frères et sœurs.

Son unique sœur, mademoiselle Roydor, ainsi que jusqu'à son dernier souffle on l'appela dans la bonne ville de l'Abergement, raffolait de son frère Goulenoire. Ni biens paternels, ni hoirie maternelle, ni quête d'amour, ni noces, ni enfants, ni famille, pour son compte. Six cents livres de rente annuelle, voilà tout ce qu'elle eut de son père. Roydor comme devant, elle se complaisait et se glorifiait en la particule de son frère Goulenoire. Plus d'un, à l'Abergement, l'a vue, en son vieil âge, cette fille bien digne en vérité d'avoir sang bleu en la veine, pour user d'une figure de langage populaire en Italie, très-belle femme et en merveilleux point, dans sa jeunesse, la plus grande façonnière du monde, et

chaque jour, superstitieux respect pour la particule
fraternelle, en robe de gala, élevée de taille, les
traits forts et accentués en ses longues coques de
cheveux gris, figure de haut relief en son vaste
bonnet à rubans en girandole.

Ses quatre autres fils, outre Trivulce le cinquième, René Roydor les avait donnés à l'Église.
Trois y avaient fait leur main, tous trois avancés
comme courges et potirons. Le premier, Roydor
ainsi que son père, était curé de l'Abergement,
chanoine honoraire du chapitre diocésain. Le second, resté aussi Roydor, avait la paroisse de Suty,
tandis que Roydor le troisième était curé de Visinant. Le moins bien partagé, ce fut Roydor l'Augustin, plus tard, sous le premier empire, abbé Regnet et second vicaire de son frère à la cure de
l'Abergement.

En 89, pour avoir chacun sa goulée de benace,
les paysans, on le sait de reste, titans troglodytes,
se levèrent de la fange des abîmes. Déjà il ne faisait plus tout à fait bon à l'Abergement pour les
Roydor. Les biens du clergé étaient rentrés aux
mains de la nation et de l'État. « Assez longtemps
ils nous ont fait la barbe et mangé la laine sur le
dos, » disaient les gens de métier et de culture. Aux

récalcitrants, qui ne voulaient lâcher prise, on montrait les dents. Il n'y en aura pas pour longtemps, pensaient les Roydor, et l'on verra bien.

Le 12 juillet 1790, l'Assemblée nationale vota la constitution civile du clergé : les prêtres prêteraient serment de fidélité à la nouvelle constitution, et, sans l'intervention du pape, nommeraient eux-mêmes leurs évêques. C'était toucher juste, il en faut convenir, et d'un seul coup décapiter le cléricalisme en France. Le pape refusa son adhésion. A qui obéira-t-on? Au pape ou à l'Assemblée? A la volonté de Rome ou à la loi française? Plus d'un en France se soumit et prêta serment. Ce furent les prêtres assermentés, les prêtres constitutionnels.

Des Roydor, excellents ultramontains, nul ne s'assit dans la chaire empestée, pour parler la langue de la réaction et des sacristies. Trois passèrent pied en Suisse. Pauvre, gueux comme rat d'église, Regnet logeait le diable en sa bourse, n'ayant pas même de quoi faire chanter un aveugle. Il ne bougea de l'Abergement. « Ah! murmurait-il en son for intérieur, la patrie n'est-elle pas où l'on est bien? » Et où être mieux que chez M. de Chamberland, le duvet jusqu'au nez, long repas à table, bon·somme

au lit, et chaque jour aux côtés de la belle Dolorès
de Chamberland.

Regnet, vous m'en croirez sans peine, n'a pas
toujours été tristement dégréé comme misérable
carcasse. Allégresse et bon cœur, figure heureuse et
réjouissante d'un dieu éternel d'Homère, petits
yeux pétillants en vers luisants et froncés à la
chinoise; lèvres appétissantes et bouche pincée à la
Watteau; jeune levron et tonsuré à poil follet,
vingt-trois ans et bouillons de l'âge, homme de déduit, frais et fort à cela, eût dit Béroalde de Verville, nez aquilin, nez émancipé, à dire tant de
choses aux femmes; chaleur vivifiante d'une fontaine de naphte; natureté et naturance : n'était-ce
là de quoi aider à supporter la douce souffrance de
l'existence? Dolorès de Chamberland, point si fran-
che novice, ne s'y était trompée, et Regnet aussi
vécut en Arcadie.

Jamais bon chien ne rencontra bon os, si l'on en
croit le commun dicton. Le proverbe eut tort cette
fois. Regnet trouva Joseph Belvret de Chamberland, homme faible, irrésolu et muable, tête
étroite, courte vue, émasculé, laminé au physique,
laminé au moral, rance profil en fer de hache dans
une barbe en fil d'archal, gongoriste et précieux

comme Malebranche, plus tard appointé, sous le premier empire, baronisé, enrubanné ; au fond, en dépit de sa religiosité pleurarde et à l'eau tiède, la plus honnête peau de mortel qui soit au monde.

Cousins et unis comme la mie et la croûte, comme les deux doigts de la main vivaient entre eux Regnet et le chaste Joseph de Chamberland, deux frères germains en vérité. Dolorès, Regnet, le chaste Joseph, précepteur, femme, mari, consubstantiels et indivisibles, les trois personnes de la sainte Trinité, le noyau, la chair et la pulpe, descendaient le cours de la vie, sans amertume, sans ombrage, laissant aller chaque heure comme songe en fumée. A Joseph la propriété, à Regnet l'usufruit. Marché d'or pour Regnet, en pied désormais, tenu à pain et à pot et chien de lèche-frite à la maison, aussi longtemps qu'il lui viendrait à plaisir. Le bonheur se saurait-il cacher, et ce feu de l'âme n'a-t-il aussi sa fumée ? Plus babillarde que cigale, plus douce que gaufre à miel, le sourire embaumé, l'œil vif et bleu d'un ciel de mai, le front lacté de brume en ses flottantes guipures; mystérieuse, une nixe; songeuse aérienne, une elfe : Dolorès marchait dans un rêve sans fin, tête égayée par

trois fossettes, aux joues et au menton. — Bon vent
et port prochain à nos amoureux!

Sein fleuri, parfumé, séduisant comme fruit défendu de l'Éden ; regard de gazelle ; narine finement
ciselée ; corps élégant, souple de jeune cavale encore au pré ; membres rhythmés, voluptueux, di-
vinement lascifs, paresseusement mourants, à donner froid aux moelles ; délicate, blanche comme la
soie, et aussi forte ; ah! de telle femme, pleine de
charme et de péril, l'amour jaillit, coule, étincelle,
sourit. Ni le rose menteur de la phthisie, ni le
pourpre échauffé de la fièvre, la couleur de la santé.
Elle vous mangerait jusqu'à l'âme. Comment l'heure
de l'époux n'arrivait-elle qu'une fois le mois en la
case gentilhommière de Chamberland ! Aux traits
de sa femme qui donc fait attention après quinze
jours de mariage?

Qui non si viva, ma si suffoca : Ici, on ne vit pas, on
suffoque, se prenait à murmurer le soir, à sa fenêtre, Dolorès, en chemise de flanelle, le sein en arrêt, les yeux plus allumés que flamme de fournaise,
bayant aux nuages et plongeant aux étoiles. « Ma
femme prend le frais, » disait bonnement le chaste
Joseph en sa débonnaire affection. Le lendemain,
l'œil au vent, Dolorès semblait demander le cœur

de tous ceux qui la regardaient. Véhément symptôme d'amour! — « Dragon de vertu, ma femme si sévère en ses propos, » s'en allait murmurant le chaste et naïf Joseph. « Honnête diablesse, » eût dit qui aurait su prendre le fin des choses.

On était en la saison des violettes. Le printemps allait s'habiller de roses, et les alouettes, au plus haut des airs, éclataient en gazouillantes fanfares. Depuis le cèdre jusqu'à l'hysope, tout au cœur parlait d'amour. Le jour entier aux côtés de Regnet, Dolorès, jusqu'à la vêprée, s'était follement enivrée de l'odeur des prés, abîmée dans les délices et les désirs`, prête à tomber de fièvre en [chaud mal.

La nuit se ferma. Au ciel, par milliers, s'allumèrent les étoiles d'or. Désordonnée en ses vêtements, décoiffée et diffublée, Dolorès était, on ne sait trop comment, près de Regnet en sa chambre. Regnet ne s'en était étonné. De telle femme tout ne paraît-il naturel? Ah! cette chemise blanchie avec du clair de lune, comme dit la ballade danoise; ce sein haut et rempli, sein nu et blanc, sein d'hortensia; ces yeux pleins d'éblouissants univers, et cette flambante narine : voilà, pauvre Regnet, ce qui te ravit ta tranquillité d'âme catholique. Vaporeuse crème fouettée, était-ce à boire ou à manger?

Hos brevitas sensus fecit conjungere binos.

Ils suivirent les lois d'amour. Ame pour âme, corps pour corps, ils burent ensemble la liqueur des délices, entrèrent dans l'assemblée des songes. Fut-ce là nuit libérale en pavots? Ce n'est pas l'affaire. Belles curieuses, aux baisers vos lèvres, non pas aux questions.

Quam dispari domino! Il y eut des trépignements éperdus, *pugnis et calcibus, unguibus et rostro;* des roulements d'yeux extravagants, force accolées et baisers mignons, plaisirs bout à bout. Insatiable comme la mer, fatiguée, non assouvie, Dolorès, l'âme à la débandade et le cœur débondé, porta Regnet par terre, l'étendit tout à plat, séché, amati et couché au pied du mur. Le lendemain, le bonhomme Chamberland en mettait son bonnet moins aisément que de coutume. Hanter les nonnains, de tout temps gibier de moines, c'était bien, mais détourner la biche et aller à femme mariée!

Double blessure à fond de cœur. Pendant de longs jours, Dolorès et Regnet se renvoyèrent la balle, nageant contre vent et marée, ne voulant s'arrêter

en si beau chemin, mais faire feu qui dure. Chacun
y mettait du sien.

A cette vie chaude et animée plusieurs années
Regnet fournit en suffisance. La bégayante couvée,
jolis poupons de lait, bouquet d'ordre bien compo-
site, croissait et pullulait autour du chaste Joseph.
Comme pie en gésine, se trémoussait en sa maison
Dolorès, active, alerte, l'œil à tout.

Tel ménage, à l'Abergement, ne manqua de délier
les langues et de donner pâture à la médisance.
Mais est-il en ce monde bonheur qui de la malveillance victorieusement ne se défende? Regnet n'en
prenait que mieux force et racine en la maison,
comme un nom gravé en une écorce d'arbre. M. de
Chamberland, d'ailleurs, pour cinquante mille livres, s'était porté acquéreur de l'immense couvent
de la Visitation, vendu comme bien national, en
ayait retiré quatre cent mille en détail. Ceci répon-
dait à tout, et fermait bien des bouches alors.

La statue de Pygmalion, à son réveil à la vie,
touche son piédestal; ce n'est pas moi, dit-elle; se
touche, c'est moi, répond-elle; touche la main de
Pygmalion, c'est encore moi. — L'amour est une
complaisance dans l'objet aimé. Regnet en était

venu à vivre sous la peau de Dolorès, à palpiter de
ses sensations comme des siennes propres. Encore
faut-il rester deux pour aimer. Madame de Staël
appelle l'homme de Gotlieb Fichte le grand célibataire des mondes. Regnet, vis-à-vis de Dolorès,
s'était fait, à son insu, quelque chose comme ce
célibataire. Plus fine que moutarde, Dolorès le
sentit bien.

En vain s'acharnait son amour, obstiné à tenir
comme de la glu sur du drap, en vain Regnet
s'épuisait en démonstrations de tendresse. — Une
orgie à froid, voilà tout ce qui leur restait à tous
deux. Ah! le ciel punisseur! Héla, la divinité ven-
geresse du Nord, l'a-t-elle donc marquée de son
sceau, l'amoureuse Dolorès? pour user des termes
de Klopstock.

La pluie creuse les grès. Le front se voilait en
Dolorès, l'œil s'effondrait de fièvre, la jolie roxelane
de son nez, délicate, fine de contour, s'allongeait
indécise et flasque, la narine se couperosait, très-
rouge parfois : une matrone anglaise trop familière
avec le rhum de la Jamaïque. Plus ne m'est rien,
rien ne m'est plus, répétait Dolorès au chaste Joseph ébahi.

Le héros sera poussière et dormira dans la

tombe d'argile, chante lamentablement le poëte.
Les pommettes de Dolorès s'en allaient en saillie,
les maxillaires décharnés en becs de carène, et le
cou démesurément se dressait sur maigres salières.
Le crépuscule est-il donc si loin de l'aurore?

Le regard de Dolorès n'est-il déjà plus que déception, et son souffle mensonge? Qui lui refera la bonne
bouche? Un clou ne chasse-t-il l'autre, en cette vie?
— Impatience et découragement de plomb! Le verbe
sec, bref, saccadé, le ton impérieux, le sourcil difficile, l'allure osée, décousue, déhanchée, elle trico-
tait pour les pauvres, régentait sa couvée, s'agitait,
s'agitait.

Regnet, pourtant, ne s'y épargnait guère, essayait
de prendre feu, d'emboîter encore le pas à sa Dolorès. Tant va la cruche à l'eau qu'à la fin elle se
casse. A grand'peine la peau de Regnet recouvrait-
elle ses os, homme à n'en pas avoir pour six mois
dans le ventre. Dégrisé comme un héros de carnaval le mercredi des Cendres, haché, bouilli, frit et
braisé, Regnet, l'air ultra-bête, y fût mort, y eût
laissé ses houzeaux.

La terre elle-même ne refroidit pas l'amour, dit
la ballade allemande. Est-ce vrai? Ceci de notre esprit passe la portée, et nul jamais n'a rien su de Do-

lorès, depuis sa sortie de cette vallée de larmes.

En l'âme de Regnet du moins, en cette âme si longtemps battue de la tempête, le ciel est-il enfin descendu, le calme s'est-il fait? N'est-ce là qu'amour qui a tourné casaque? ou le passé est-il la patrie de son âme, encore à voltiger autour des lèvres roses de sa Dolorès? Se survit-il à lui-même, comme il arrive aux exilés, et les hommages qui l'entourent ne sont-ils que le deuil de son bonheur? On le croirait. — « Mon Dieu, quand tu nous ôtes la force, pourquoi ne pas nous ôter aussi l'idée? » fréquemment encore s'écrie, en son épilepsie morale, notre béat abbé Regnet, l'œil hagard sur chaque fleur où lui semble toujours gravé le nom de sa Dolorès. Trivial et prosaïque *donec gratus eram* de Regnet, tout moulu de son passé, et le cerveau obsédé de fantastiques mirages.

« A leurs œuvres se jugent les prophètes, » a dit l'Évangile; je le veux bien, pour mon compte. Par quoi jugerons-nous Regnet?

Danse macabre des fantômes de ses nuits de jadis, démoniaques hallucinations de son cerveau, où s'agitent, embryons de pensées, ombres de souvenirs, grains de poussière en un rayon de soleil, les

rêves d'autrefois; quoi! point de pitié pour cet es-
quif désemparé! *Quis te misit, diabole Beherit?* Arrière, esprit de ténèbres et démon de luxure, *adjuro*
te per eum qui venturus est judicare vivos et mortuos!

Tapisseries de haute lisse, peintures pendant
trois générations travaillées à l'envers par le jésuitisme : c'est bien, messieurs de l'Abergement-sur-
Rioni, à l'endroit aujourd'hui et mises en place, on
juge de l'effet. Badauds affairés d'impossible fusion,
rêvez de Philippe-Égalité à Louis XVI accouplé.
Ratons politiques, tirez les marrons du feu, Ber-
trand Loyola est là pour les croquer. Prestidigi-
tateurs percés à jour, escamotez les idées pour
mieux asservir les hommes. Mais pour Dieu, ce
Regnet, soliveau immuable au milieu des vagues
du temps, ne nous le donnez pas pour rose mysti-
que, pour saint et pour voyant!

Hurler avec les loups, braire avec les ânes, une
telle misère d'esprit et de cœur, ne l'espérez pas de
nous.

PINETON

Salomé, Salomé, mange de tout, mais
no mange de l'herbe amère.

Qui donc, Pineton? Comte Pineton de Chambrun peut-être, glorieux préfet du Jura sous le second empire? Pineton de Chambrun, l'honorable actuel de l'Assemblée de Versailles, membre quintessencié de la commission des Trente et auteur byzantin de petites chinoiseries et préciosités constitutionnelles à propos du futur sénat? Allons donc? A qui en avez-vous, et nous la donnez-vous assez sèche? Notre Pineton, à nous, est homme d'ordre, j'en conviens, même agent de l'ordre moral, et, à sa simple et naïve façon, colonne du septennat; mais Cléophas Pineton-Hanouman tout court, sans queue ni tête gentilhommières, sans prétentions ni combinaisons politiques subtilisées et alambiquées, le brave sergent Cléophas Pineton-Hanouman enfin,

que le premier venu connaît à l'Abergement-sur-
Rioni, simple sergent de son état, et qui ne fait rien
autre chose, ou peu s'en faut, personnage grave,
d'ailleurs, de sens rassis, et tout aussi décoré du
ruban rouge que jamais comte Pineton de Chambrun.

Ce brave sergent Cléophas Pineton-Hanouman,
dès le fin matin, aux heures saines, sereines et lucides pour tous, le soleil, chaque jour, le voit en
quête par les rues de l'Abergement-sur-Rioni, héros au sourire bonasse, éteint, filandreux, et fendu
en tirelire à lui faire le tour de la tête. La jambe,
cagneuse et d'écart bizarre, hésite, flotte indécise,
mal assurée en son tournoiement sans but, dirait-
on : une marche de fantoche dans les ténèbres. L'œil
gros, rond, gris, bouffi, noyé, qui n'y voit guère,
tâtonne, et, du fond de sa paupière aux multiples
étages où à la longue se sont amoncelés tant de bachiques orages, interroge toute porte, toute échoppe,
tout coin de rue, tout carrefour. Latente anxiété,
inquisition sous-cutanée et fausse honte en ce regard brumeux, à demi oblique! Point lourdier,
pourtant, et coureur de nuit qui se dérobe et se
faufile, Pineton-Hanouman, c'est fait bien avéré,
conspirateur encore moins. A l'Abergement-sur-
Rioni, cet innocent paradis de fleurs et d'oiseaux

enivrés de soleil, y eut-il donc jamais ombre de
conspiration? Ni trouble-fête ni disputeur, Pineton-
Hanouman, que nul en sa vie ne surprit, ivresse de
rêves sombres, menaçants, révolutionnaires, couché
sur le pénible travail, à pousser au cabestan de l'a-
venir. Si Pineton-Hanouman, vraie aiguille folle
plutôt qu'éperdue, aiguille vacillante d'une boussole à la recherche de son pôle, indolemment se
balance et se berce en mille nonchalants méan-
dres, ne vous en étonnez, bonnes gens. Béat derviche tourneur d'Orient, Pineton, tout matin,
tourne pour boire, tout matin, boit pour tourner.
Que voulez-vous? Nature aime habitude, et Pineton,
à la bouteille acoquiné, très-soigneusement, de
peur que la rouille ne s'y prenne, entretient sa
bouche et son ouvroir.

Quand Pineton-Hanouman a trouvé chaussure
à son pied, complice et comparse pour ses libations
du matin, regardez-le. Pineton a l'éclair dans l'œil.
La jambe rassérénée se rassoit, se donne un air
délibéré. L'épaule, superbe et relevée, des deux
côtés remonte à se gratter l'oreille sans y porter la
main. Sa moustache s'éclaire de chatoyants reflets,
scintille de paillettes argentées, et le nez se re-
dresse, fier comme la tour du Liban qui regarde

Damas, pour user de l'image audacieuse du Cantique des cantiques au livre saint. Nulle bête icibas qui, par quelque endroit, n'ait reflet d'infini, a dit le poëte.

Déjà l'eau-de-vie de marc fume entre deux dans les verres. Religieux, recueilli et débonnaire, Pineton prélibe, longtemps entre. ses lèvres en gargouille tient l'eau de feu à gazouiller et lentement clapoter. Suffisamment humée et dégustée à point, d'un soudain et bruyant coup de langue, Pineton l'envoie à destination. Hum ! le sacrifice a commencé. Pineton, le regard dévot et attendri, couve les chaudes gorgées encore à dormir au fond du calice. Pendant ce temps-là, jase le complice, jase sans fin le comparse. Tout buveur du matin est affilé du bec et jaseur, à l'Abergement. Simple *sœur Écoute*, partout où il se pose, pour son compte, Pineton, en repos et franc de collier, ne sonne, ne souffle mot, ne pense. Pineton bien des années a été militaire, étant sergent, retraité et décoré. La première vertu du troupier d'esplanade, de caserne, nul ne l'ignore, c'est le silence dans les rangs, et la pensée jamais, que l'on sache, n'a été recommandée par la théorie ni l'école de peloton.

Tel qu'il est, en effet, Pineton s'est formé en cette Afrique qui nous a donné et Bazaine, le héros du Mexique, de Metz, et Palikao, le héros du palais d'Été en Chine, l'inventeur épique et le chantre des càrrières de Jaumont. L'Afrique, grand champ de manœuvre, féconde école militaire ? Bohème organisée des camps et gymnase de chappards? Quoi qu'il en soit, Pineton en est revenu un beau matin. Car Pineton, comme un autre, avait eu vingt ans, grand air de séve et de vie, besoin d'anxiété, amour de l'inconnu, impatience de courir seul la route de la vie, rêvant merveilles à voir, beauté de l'ange, force du tigre, aile de l'aigle au plus haut des airs.

Son oncle Pineton-Hanomuan, le premier des Pineton mentionné dans l'histoire et aux fastes de l'Abergement-sur-Rioni, lui avait ouvert la carrière et montré le chemin.

Grand avaleur de sabres, tête chaude et fumeuse, physionomie hétéroclite, cou ankylosé, dignité hautaine, par accès intermittents mêlée d'airs féroces et menaçants, rogue, cambré, de fulminante tournure, ce Clotar Pineton-Hanouman, colonel du premier empire et brigand de la Loire, spadassin récalcitrant, une des lames les plus redoutables de la Grande-Armée. On conte de lui, à

4.

l'Abergement-sur-Rioni, des traits étranges, à faire détouper les oreilles aux jeunes gens.

Sous la Restauration, il n'était bruit dans les journaux libéraux que des duels, frasques et déportements de nos petits hobereaux postichés, officiers frais émoulus du régiment de dragons alors en garnison à Avignon, et tyrans rodomonts des bourgeois de la maîtresse ville du Comtat-Venaissin. Un beau jour d'hiver, fatigué de tant de récits et de prouesses, le colonel Pineton-Hanouman, par un dur et noir temps, prend la poste, sans dire gare, et, au pied levé, vient débarquer dans la vieille cité des papes.

A son entrée au café des officiers, pas de siége qui ne fût occupé par les jeunes hobereaux ou leurs tricornes en frégates. Pineton-Hanouman, sans autre préambule ni péroraison, relève un des chapeaux, le suspend à une patère, et s'assied. Lièvre levé et huile sur le feu. Ouragan dans la salle. Tous les lions d'orgueil bondissent au cœur des hobereaux galonnés.

— Vous ne savez pas que nul ici ne touche aux chapeaux des officiers?

La voix était stridente et saccadée, le profil arqué et busqué, la figure pâle comme une serviette.

— Vous croyez? s'en va tranquillement Pineton,
l'œil vibrant et l'habit boutonné jusqu'au menton.
Un clin d'œil, et le chapeau décroché de sa patère,
plié en deux sur le genou, est mis dans le poêle.

— Je suis Pineton-Hanouman, colonel en demi-
solde, et descendu à l'enseigne de l'Agneau pascal,
peut-être en songeant un peu à vous, messieurs. Le
maître du chapeau peut se faire inscrire à l'hôtel.

— Nous irons tous.

— Soit.

Le premier jour, de ces messieurs il en vint quatre. Trois tombèrent couchés les dents contre
terre. Le quatrième saigna du nez. A chevau-léger
et traîneur de sabre, bretteur et demi. Nul ne se
présenta les jours suivants.

Pendant bien des mois on ne parla en France et
à l'Abergement-sur-Rioni que de Clotar Pineton-
Hanouman.

Rêve décevant des lointains horizons, des exis-
tences inconnues, prétend-on, la méduse des mers
essaime de son polypier, et nue, sans défense, sans
armure ni carapace, tête baissée, se jette aux
aventures et aux événements. Ainsi fit Cléophas
Pineton-Hanouman, la tête pleine de son oncle
Clotar. Méduse aventureuse, détachée de son po-

lypier, lancée en plein Océan, au hasard des vents
et des heurts du rivage, voilà Pineton aux plaines
de la Mitidja et aux campagnes d'Afrique. Vingt-
sept ans il y resta, jetant jour par jour toute in-
dividualité aux orties, le cerveau chaque année se
rétrécissant et se racornissant davantage. Métier de
soldat, métier où il ne faut vieillir. A quarante-
cinq ans, le sergent Pineton-Hanouman eut sa
retraite. Voilà Pineton-Hanouman à l'Abergement-
sur-Rioni, méduse réabîmée à son polypier, pur vé-
gétal désormais sur son pied de granit. N'est-il pas
bien loti?

Six cent cinquante francs, croix et pension, n'est-
ce pas pour faire bouillir le pot? Sans doute.
Mais il y a plus de jours que de semaines à l'A-
bergement-sur-Rioni, et trois cent soixante-cinq
jours font bien des chopines. Cléophas· Pineton
ne savait se passer de ses chopines. Blomet fut
la providence de Pineton, sa caution bourgeoise à
la préfecture, et le sauva de la pépie.

Blomet est le grand prêtre de la police occulte à
l'Abergement-sur-Rioni, le chef de la police de sû-
reté pour ces messieurs. Blomet a escouade de retraités militaires, médaillés ou décorés, huit
hommes, y compris Pineton. Pineton toucha cent

francs par an, mangea de l'herbe amère, fut *sœur Écoute* de Corbineau et de madame de la Saulaye. Pineton avait brûlé ses vaisseaux, à fer et à clous était désormais rivé à l'ordre moral.

Neuf heures à l'Abergement-sur-Rioni, c'est l'heure du courrier, des journaux, des bonnes fortunes épistolaires, des indiscrétions calculées de mademoiselle Désormeaux, des curiosités empressées. Francs bourgeois-gentilshommes embéguinés, sycophantes de l'ordre moral aussi, désheurés des classes dirigeantes et cerveaux creux, tous arrivent à la curée. Pineton est là, sur la place, traînant comme un malade peu pressé d'arriver au cimetière, à même de tout recueillir de ces coq-à-l'âne bourgeois, de tout voir, tout entendre. Quant à comprendre, ce n'est pas son affaire. N'était, d'ailleurs, sa retraite de sergent, ses cent francs sur les fonds secrets, ses bottes facétieuses, toujours prêtes à rire, ses chopines ; n'était aussi le signe du peuple, plus de nature et de cœur, Pineton serait de plain-pied avec ces messieurs de l'Abergement. Pineton sait ce qu'il se doit à lui-même et aux autres. Pineton se tient à l'écart, à portée de la voix.

Le premier, Blomet passe, et, d'un mouvement distant, salue Pineton exactement à son poste. Blomet est le supérieur de Pineton. Rigolo-Pain-de-Seigle ne tarde guère, ténébreux et concentré, le derrière poussant le devant, et le ventre arc-bouté, puis Montbléru-l'Épargillière. Celui-ci se voudrait allure énigmatique, autorisée. Chacun en rit, jusqu'au garde champêtre.

Puis ce sont tous les pharisiens formalistes de la sacristie, raisonneurs à idées étroites et radoteurs, de ce commode radotage où tout s'allie, gentils-hommes déteints, frottés d'aménité banale point échauffée du cœur, encore moins colorée de l'esprit.

Le ministère branle au manche, M. de Broglie va tomber, dit Gent de Préval, l'insuffisance administrative et la sottise officielle en personne. Et il promène sur le troupeau ses yeux à fleur de tête et son port de lama.

— Moi, j'ai dit ce matin à la Vierge cinq *Ave* pour le succès de la loi des maires. Moi, je suis pour la justice, messieurs, je suis pour la justice.

Ainsi parle Gilles Calpigi, cette girouette au patelin langage, aux dehors plâtrés de zèle spécieux. son épaule déjeté e Malebranche frétille, opine, approuve. Son acolyte, Bruscambille, rit de son rêve en glous-glous et se dégingande l'épaule à la façon de Malebranche, qu'il copie.

Le plus sérieux c'est Pépuan. En sa tenue de croque-mort, Pépuan grogne sourdement, un ours muselé. Pépuan est l'âme damnée de la sainte hermandad à l'Abergement et des jésuites. Ah! quand viendra donc le dégel pour ce bourru si lourd?

Gédéon Odobez est le renard de la fable à l'Abergement, vous savez: *ils sont trop verts;* le doctrinaire des classes dirigeantes et de ces messieurs, docteur à tout expliquer, le hasard, la nécessité, les fatalités. Pour chaque chose Gédéon a raisons et système.

— Le ministère tient à la majorité. Sans la droite plus de majorité. La droite, c'est nous. Nous sommes les maîtres de la situation.

— C'est vrai, nous sommes les maîtres de la situation.

La conférence est close et forclose. Il est dix heures, c'est l'heure des chopines de Pineton. Station au café derrière les joueurs, entre les tables, dans l'après-midi; à cinq heures, chopines et oreille aux propos des buveurs; ainsi passe la

journée de Pineton. L'âme des justes, a-t-on dit, a
plus de parfum vers le soir. Pineton, le soir, a les
chopines expansives, le vin familier. Pineton con-
seille au billard, devise sur le jeu et commente les
hasards du double-six et de la dame de pique.

Comment s'affranchir de Pineton ? Un seul moyen,
le casse-tête chinois, la scie imaginée un jour par
l'impatience exaspérée.

— Voyons, Pineton, raisonner, tu t'en charges,
n'est-ce pas ?

— Un peu.

— Écoute. De deux choses l'une : ou il pleut,
ou il ne pleut pas.

— Oui, il n'y a pas de milieu.

— Or, il ne pleut pas.

— C'est sûr.

— Donc il pleut.

Démesurément s'écarquillaient les yeux de Pineton, son esprit était sur les dents. Plus Pineton
réfléchissait, plus sa tête se prenait. Elle en aurait crevé. Pineton se levait, confus, allait à la porte
et ne reparaissait plus.

Pineton fait ses rapports à Blomet, jamais à madame de la Saulaye. Pineton sait son monde. Madame de la Saulaye craint l'odeur des chopines, et

Pineton, faguenant et mal odorant, pue le vin à pleine bouche. Blomet se charge de redire à madame de la Saulaye. Madame de la Saulaye résume à Corbineau. Corbineau communique au comité du séminaire d'Étioles. D'Étioles les choses vont directement à Versailles. Gouvernement prestigieux qui commence à Pineton, notre profond buveur, pour aboutir, par Corbineau, à Versailles!

O centralisation que l'Europe nous envie! Les électeurs, les maires nommés par les électeurs, les préfets, le ministre de l'intérieur, la Chambre, grande loi hiérarchique, progression ascendante, normale, rationnelle de la vie nationale. Rome et l'ordre moral ont passé par là! Prépondérance de l'intrigue et de l'intimidation sourde, tout tourne en haine, rien qui ne soit police. Cataracte à l'envers, il s'agit de remonter au moyen âge. Les ministres vont au rebours de l'opinion, nomment des préfets à la dévotion de Corbineau et d'Henri V, ce monarque en peinture. Républicains, les maires mettent les préfets en quarantaine. Maires de l'ordre moral, ils sont eux-mêmes mis en quarantaine par les électeurs. Bévues aux candidatures, déceptions aux scrutins partiels, majorité compromise et entamée.

A. BOUILLET. 5

Pineton n'est pas dévot, n'aime ni le prêtre ni le drapeau blanc, ayant été longtemps militaire. Pineton d'instinct est bonapartiste, étant neveu du fameux colonel Clotar Pineton-Hanouman. Mais depuis Sedan quel changement! « L'homme de Sedan, aime à répéter Pineton branlant la tête, m'a mis bien du vert-de-gris à mes napoléons. » Pardonnez à Pineton ce calembour, le seul qu'il ait sur la conscience.

La chopine a perdu Pineton. Pineton égare Corbineau. Corbineau fait les mirages des Lorgerils à Versailles. Henri V écrit les lettres à Chesnelong et à Laurentie, et l'ordre moral, tout titubant du moyen âge au XVIIIe siècle, ne sait, en vérité, comment, en son instable équilibre, se tenir et poser sur sa pointe.

SALADIN BRUSCAMBILLE

Puis-je autrement marcher que ne fait ma famille?
Veut-on que j'aille droit, quand on y va tortu?
(LA FONTAINE.)

Bruscambille marche dans l'ombre du petit Malebranche, parodie de cette charge. Est-ce tout à fait sa faute? Grateron pendu à l'habit de ces messieurs de l'Abergement, quoi d'étonnant au cousin de Libri, au neveu de Pépuan, au gendre de Poinsot? Choisit-on son berceau ici-bas? Qui se couche avec les chiens, se lève avec des puces.

Éternellement enfant, d'ailleurs, sans le sourire, sans la grâce de l'enfance, la destinée ne l'a pas gâté, ce pauvre Bruscambille, impuissant, incomplet, manqué, contrefaçon de toute chose en la vie, vrai plagiat de la nature, phthisique au physique, phthisique au moral, sans toux ni crachement, un vent blanc, pour user du langage des gens de l'Abergement, des bouffées, des rafales, de la poussière, point de pluie; ainsi formel démenti de la Bible, qui expressément a dit que Dieu avait fait l'homme pour sa gloire et sa louange. — Pitié, cet enfantelet, a écrit Shakspeare. Pitié, je le veux bien, s'il ne fourrage à travers les sentiments comme lourdaud marchant sur des fleurs, et surpris de les flétrir.

Avoir une force, une vertu, un vice, par un coin sentir le sauvagin, être soi-même quelque chose, pris au sérieux par la galerie, c'est l'ambition de Bruscambille. Mais s'essayer à tout et ne réussir à rien, c'est le fait de Bruscambille, échappé du bagne de Napoléon III, pour s'affaler sous la férule cléricale.

Ainsi va le monde. Élégant, distingué, on ne demanderait pas mieux. Faute d'un certain finissed, instinct, don de nature et à la fois fruit d'usage et d'éducation, on s'arrête au courtaud de boutique, on tombe au faraud de village. On ne se résigne à être plat et bête, dans sa simple peau naturelle, insuffisant et inepte, on trébuche à la sottise, bête et fat de sa bêtise, d'un seul et même coup.

> Brevis esse laboro :
> Obscurus fio,

a écrit Horace, le poëte du sens commun.

On cherche à masquer un défaut, on y greffe une prétention et un ridicule. On se voudrait loin du commun et du vulgaire; l'étoffe manque, on n'est que la copie maladroite de Malebranche, le pastiche de ces messieurs, l'écho mal dissimulé de leurs visées, et, sous des allures bon enfant, le truchement affadi de leur morgue et de leur vanité, leur poussah, leur bilboquet. C'est triste à penser, malheureux Bruscambille!

Fait-on donc ce qu'on veut dans la vie? Cancre des classes et partout dernier hors ligne de sa promotion, Bruscambille, ignare de toutes les bonnes disciplines, des palmes universitaires n'a jamais cueilli que boiteuse orthographe de blanchisseuse. Jeune homme, on l'a vu à toute porte, des agents voyers et piqueurs de route, des postes, des perceptions. En vain. Fruit sec des situations subalternes, où il faut passer sous les fourches caudines des épreuves de dernière catégorie, ne pouvant être premier rôle, le voilà doublure de Malebranche, planteur de choux à l'Abergement, notre Saladin Bruscambille, ni plus ni moins qu'un simple bourgeois-gentilhomme campagnard.

Saladin à Bruscambille! Ce héros à ce grotesque! cette tragédie à cette comédie! Qui faut-il plaindre

ici? Saladin de couvrir et couronner Bruscambille ?
Bruscambille d'être écrasé de Saladin ? Ironie et dé-
rision de l'histoire !

Salah-Eddyn, fils d'Ayoub, premier sultan ayou-
bite d'Égypte, heureux et brillant rival du Plantage-
net Richard Cœur de Lion ; terreur, idole respectée
des croisés, tu fus, chacun sait ça, le héros des
héros au douzième siècle. Ton grand coup de ton-
nerre de Tibériade avait arraché l'Occident de ses
fondements. Ton nom, illustre s'il en fut, a couru
de bouche en bouche, rempli le monde de sa trace
lumineuse et profonde. Du paradis de Mahomet, où
tu trônes parmi les houris, regarde au pays Latin,
en la vieille cité de ton adversaire Philippe-Au-
guste, regarde et vois :

Κείρω, ξύρω, βοσρυχίζω καὶ σιωπῶ.

Barbe à 25 centimes. — Saladin, coiffeur. — Coupe à 50 centimes.

Je tonds, rase, frise et ne dis mot. Saladin, coiffeur.

Est-ce assez amer, Saladin, fils d'Ayoub?

A l'Abergement, tout le monde a connu la dame
des Ruaux, cette imposante matrone, si opulente
en tétasses avalées, de si fastueuse laideur. Sa
grasse et riche dot bourgeoise, elle l'avait troquée

contre la particule du petit-fils du seigneur des Ruaux, anobli, ce dernier, en 1715, ruiné sous la Régence dans l'affaire de Law. La chose est d'original, non de bruit commun. On s'en peut rapporter, la muse en est garant. Descendant des croisés se prétendait des Ruaux. Faire moins qu'appeler son fils Saladin, la dame ne le pouvait guère. Au sortir des écoles, bon gros hobereau campagnard, gros déjà à ne pouvoir être bâtonné tout entier en un jour, Saladin des Ruaux prit possession de l'oisiveté comme de la robe virile. Saladin des Ruaux, planteur de choux à l'Abergement, voilà de tes filleuls, Saladin, fils d'Ayoub.

Passe encore. Mais Saladin à Bruscambille, c'est le *nec plus ultra*, le coup de pied de l'âne. Bah! comme le cèdre, le brin d'herbe ne porte-t-il l'empreinte de l'univers? Et de tant d'Alexandres, de Césars, combien sont Bruscambilles?

Marcher tête baissée vers la terre, le mufle à la pâture, c'est la loi de la brute, de l'homme non pas. J'en veux croire Ovide en ce point :

> Os homini sublime dedit, cœlumque tueri
> Jussit, et erectos ad sidera tollere vultus.

Mal charpenté, et faute de suffisants étais, Brus-

cambille, l'hiver, laisse l'homme et tire à la bête,
nez rouge-rose ramené, corps ramassé et recroque-
villé en son paletot-sac, un parapluie dans son four-
reau; poitrine rentrée, cou retiré entre maigres
épaules en surplomb; un cou de tortue en son
écaille. Courbé sous l'effort de la rigoureuse saison, si impitoyable aux chétifs et aux débiles de
l'Abergement, Bruscambille, tremblant le grelot,
s'en va, tête mesquine d'oiseau rétrécie aux tempes,
hermétiquement fermée en sa petite casquette de
soie noire, mains enfouies aux poches, pieds plats
mal assurés, jambe de faucheux acagnardée, peau
équivoque. L'eau est si froide, l'hiver, disent les
bonnes femmes sur son passage.

L'été, Bruscambille se déplie et s'étale. Chrysa-
lide, l'hiver, en son duvet, le voilà papillon, ou peu
s'en faut, élégant, coquet, merveilleux à sa façon.
Le costume est dans la gamme du nom, veste de
toile jaune faux et cru, soutachée et bordée d'un
relief blanc, pantalon noir et guêtres blanches, ce
solécisme choyé de la fashion communale. Le large
panama est posé sur l'oreille, panama gris roussâ-
tre, une gaufre de sarrasin. Par les places, les carrefours, bras en moulin à vent, ballants et mal
attachés, désinvolture délibérée, botte retentis-

sante d'un anspessade, attitude osée, jambe flasque au chien, épaule dégingandée, Bruscambille se
donne à contempler, bien étonné si les femmes
pour le voir ne se huchent en cornette aux fenêtres.

Bruscambille a vingt-quatre heures à dépenser
par jour, n'a rien dans la tête, n'y ayant jamais
rien mis, ne lit que le *Petit journal*. Bruscambille est faible, mou, décadant de corps. Point
d'exercices d'esprit, point d'exercices de corps à
notre Bruscambille; pour tout travail, pour toute
distraction chaque jour, le *Petit journal*. Bruscambille va donc au café. S'y présenter simplement,
comme tout le monde, allons donc! Pour qui
prenez-vous Bruscambille?

Il lui faut une entrée tapageuse, à faire lever les
têtes. Bruscambille est brillant, dégagé, guilleret,
sémillant, gai, pétillant, frétillant, avenant à quiconque, esprit agile et prime-sautier. Du moins le
croit-il.

Bruscambille rit. Écoutez ce rire, glous-glous de
gourde à moitié vide, gloussement de coq d'Inde,
cascade saccadée de crécelle, rire sans rhythme,
rire sans âme ni conscience.

Bruscambille rit pour rire, rit de tout, de ce que

5.

vous faites, de ce qu'il dit, de ce que vous dites, de
ce que dit le premier venu. Rire sympathique, entraînant, qui gagne? Non pas, Bruscambille est
toujours seul à rire, et rit quand même, ennui badin qui lourdement vous pose la patte sur l'é-
paule.

Ni tact, ni à-propos, ni mesure, ni discernement,
ni bon avisoir en Bruscambille. De l'esprit, pas
plus que de perruque à la broche. Si, de cas
fortuit, Bruscambille est en ses quarts d'heure
d'espièglerie et de batifolante humeur, gare à vous.
« Un chien crotté, dit M. de Studéas, il inquiète.
Va-t-il se secouer sur vous? On 'en a toujours
peur. »

Du côté de la barbe est la toute-puissance,

a dit Molière. Bruscambille aime mieux ne s'en pas
douter et obéir à sa femme. La poule doit-elle chanter
si haut devant le coq? N'importe! De se mettre à tel
régime peut-être Bruscambille a-t-il suffisantes raisons. Il est pour Bruscambille, d'ailleurs, des heures
de répit. Que madame Bruscambille, en villégiature,
le lâche un instant, ne le tienne plus au doigt et
à l'œil, Bruscambille s'émancipe et volontiers s'é-
mèche. Gare, deux fois gare à Bruscambille éméché!

Pour un peu Bruscambille alors jetterait les portes par les fenêtres. Bruscambille en goguette cherche à rire des gens. Chargés de rire avec lui, il a, dans cette solennelle circonstance, corps de réserve et troupes de soutien, parterre domestique et galerie familière, deux loustics et finauds de village, têtes percées à sa mesure.

Qu'il s'adresse à vous, laissez-le venir. Contez-lui une bourde, la première venue, ne choisissez pas. La plus épicée et la plus invraisemblable est la meilleure, si vous avez soin de vous en faire le héros. A mesure que vous parlez, Bruscambille se pourlèche et rit de son rire en glous-glous. Cette fois, Bruscambille souligne son rire. Coup de doigt clandestin par derrière l'épaule de son comparse de droite; à gauche, coup de genou, et le tour est joué. Vous avez fait poser Bruscambille. Dupé, Bruscambille, sous sa peau, vous prend pour plastron. Le soir, à vos dépens, il en contera une bonne à Malebranche, et l'histoire défrayera le commérage du soir. Ainsi est fait Bruscambille.

Bruscambille s'assied. Bruscambille affectionne le laisser-aller, les attitudes bon enfant et le califourchon, jambe de ci, jambe de là, bras étalés au poêle, poitrine accoudée. Bruscambille rit. Rire, c'est l'épée de chevet de Bruscambille. Bruscambille rit toujours, et toujours en glous-glous, glous-glous à la glace, à impatienter et jeter un froid.

A l'Abergement, le hobereau se respecte, en quoi que ce soit ne met du sien, rit à part, en cabinet particulier. Bruscambille a charge de rire en public, en ville, pour ces messieurs, et de rire en leur nom. Jamais en déshabillé et en négligé, le hobereau cantonal. S'il comprend le plaisir, je ne sais, à coup sûr, c'est avec une feuille de figuier. Pour eux se débraille Bruscambille, moitié éclaireur, moitié espion, certainement rediseur. Pour eux Bruscambille s'encanaille, s'amuse, s'étourdit de ses turlupinades et de ses propres grelots.

On cause au café, qui bien, qui mal, comme on sait, comme on peut. Aussi présomptueux que jamais avocat, Bruscambille de jaser au plus dru, sur ceci, sur cela, sur tout, vrai veau d'attache, mâchant à vide. Ah! si la bonne intention comptait en fait d'esprit!

Caquet bon-bec, où diable voulez-vous que Bruscambille ait appris à causer? Dans le monde des hobereaux gobe-mouches, des bourgeois-gentilshommes de haute graisse, fresques éteintes, piliers grisonnants, affaiblis par l'âge, dès leur aurore affadis de circonstances insipides et bornées, d'habitudes monotones et casanières?

> La raison d'ordinaire
> N'habite pas longtemps chez les gens séquestrés.

Chaque pays a son humeur et sa pensée, non pas l'Abergement. Au musée gentillâtre, à la friperie embéguinée, tout est combiné pour rester immobile, le corps aussi bien que l'esprit : une mort vivante. Soleil, amour, vie, triple flambeau de la nature, volontiers vous éteindraient ces messieurs de l'Abergement-sur-Rioni.

Là, les pères, semble-t-il, ont dérobé leurs neveux. Pourquoi se donner la peine de vivre soi-même et d'essayer? Les aïeux n'ont-ils pas vécu pour leur postérité? Toute sagesse désormais n'est-elle acquise? Un peu plus, ces messieurs ne marcheraient pas, sous le fallacieux prétexte que leur père a marché avant eux.

Quelle heure est-il à l'Abergement? L'éternité. Le temps tombe là goutte à goutte. Les journées s'y traînent en un bavardage gras, gris, terne, indolent, à user l'esprit. Tout au plus, parfois, y ourdit-on de petites machines, vrai labyrinthe d'absurdités

enchaînées et conséquentes. La logique; cette aveugle turbine à moudre tout ce qu'on lui met sous la
meule, voilà son fort, à la gentilhommerie campa-
gnarde. Qu'ont-ils affaire au discernement, au tact,
à l'observation, à la connaissance exacte des choses
et des hommes, au sentiment délicat des nuances,
nos bons embéguinés, gens à vouloir boire du lait
avec une fourchette?

Ne penser à rien, pour avoir quelque chose à dire,
épier ses voisins, ne pas laisser aux gens un cheveu
sur la tête, voilà la trame de leur vie, à nos matadors huppés, fine fleur des pois des classes dirigeantes à l'Abergement-sur-Rioni.

L'âme de la pensée, du gemuth, de l'humour, de
l'ingegno, du brio et de la fantaisie, le nez de l'esprit,
c'est l'instinct, le centre d'émission de ses lumi-
neuses facettes, c'est la liberté. Ces messieurs ne
s'en doutent.

Peuple sage, pourtant, bien ordonné que la gentilhommerie bourgeoise, qui voudrait allier gloire
à sagesse, ordre à liberté. Seulement, liberté lui
donne sur les nerfs, lui fait peur. Ne vouloir voir
que des masques, et prétendre juger de·la beauté
du teint, c'est là son dada, à la gentilhommerie
bigote. Jument de Roland, elle a toutes les qua-

lités, un seul défaut, elle est morte. Mort aussi est Bruscambille, et table rase son cerveau.

Paris est d'âme mécréante. On y rit du progna-thisme prussien, des races saxonnes, des races la-tines, du fameux dada des nationalités, de mille autres futilités pédantesques et creuses. généralités, comme on rit de l'eau bénite et des saintes huiles. Allez-y voir à l'Abergement-sur-Rioni.

Aux grands jours de gala, somptueuses fêtes de la mort, c'est un programme connu : musique tapo-tante, chants à plein cornet de la jeune madame de la Châtaigneraye, eau sucrée tiède, glaces salées, danses de juges de paix coagulés et condensés, de pères nobles encolés et ankylosés. Petit gris pom-melé, déjà poivre et sel, Malebranche ne danse pas. Malebranche pérore, se gargarise avec ses paroles ; un chien qui aboie à la lune. Grande pédanterie de frivolités ! Malebranche parle races latines et races saxonnes. Il est à Paris, on le sait de reste, pour de telles bulles de savon à l'usage de la province, re-vues en faux-cols et ateliers de gogos littéraires.

Pendant que Malebranche développe, Bruscam-bille, qui a pris poste devant lui, est tout oreilles, n'en perd pas une bouchée. Bruscambille ne respire que par Malebranche, vit de sa vie de reflet, à l'abri de ce merveilleux exemple. Quelle distance d'un homme à Malebranche! pense naïvement Bruscambille, quinze-vingts sans le savoir.

Le lendemain, vous le verrez le bec enfariné au café, beau valet de carreau, joue rose comme dragée de baptême, jambe vaporeuse et mine indécise, mirobolant en ses traits mous et dodus, sous son œil bleu si brouillé de petit-lait, que par instant il semble bigle. Malheur à sa victime! La voilà chambrée, condamnée à entendre jusqu'au bout ces enfantillages, ces platitudes, redits des échos de Malebranche. En avant, les races latines! Et en quel style? Style terne, gommeux, vrai style de papier gris. — Débagouler n'est pas causer, mon pauvre Saladin Bruscambille! Crier n'est pas raisonner.

A la paroisse, Malebranche s'abreuve de l'antique breuvage somnifère, lie moisie offerte à ses ouailles par Claude Bazu, pasteur de l'Abergement-sur-Rioni. Au hanap de Claude Bazu se vient désaltérer Bruscambille. Malebranche pèlerine à Paray-le-Monial. A Paray-le-Monial pèlerine Bruscambille. « Il n'y a de bon que dévots et gens de sacristie, » s'en va répétant Malebranche. Bruscambille de reprendre le thème en fausset : « Il n'y a de bon que dévots et gens de sacristie. » Le baromètre de Malebranche est à l'orage et aux coups d'État cantonaux. Bruscambille, toujours prêt à faire le grand saut sur rien, subitement tourne à la tempête, devient péremptoire et casse-cou. Le faire plus méchant qu'il n'est, à quoi bon ? Si Bruscambille hausse la voix, fait de grands bras, dormez en paix, c'est pour mieux mettre ses poings dans ses poches. Une règle à l'Abergement.

Le pourpre, répond l'aveugle-né de Sanderson sans aucune notion des couleurs, ressemble au son de la trompette. Bruscambille, profonde inexpérience de toutes choses, a de ces réflexions-là. Le choléra, disait-il un jour, je devine ce que c'est : il est à la dyssenterie sanguine ce que le venin de la vipère est à celui de la couleuvre. A la bonne heure, c'est raisonner que cela. Et Bruscambille se frottait les mains, riait de son rire en glous-glous, de son rire inédit.

Rire, c'est bien, rire est le plaisir des dieux. Encore, pour bien rire, faut-il être le dernier à rire !

Pépuan, un jour, insistait pour faire déjeuner Bruscambille avec lui :

— Impossible, absolument impossible. J'ai déjeuné deux fois. D'ailleurs, c'est jeûne aujourd'hui, répondit Bruscambille, si malavisé et de si peu de riposte.

Le 27 avril 1873, Bruscambille, debout à la porte
de l'Abergement, guettait les électeurs ruraux à
leur passage.

— Bonjour, Buard. Tu vas voter?

— Oui, M. Bruscambille, je vas voter.

— Pour qui?

— Voilà le billet.

— Un partageux!

— Partageux, ma foi, tant pis! J'aime mieux qui
partage, savez-vous, M. Bruscambille, que qui mange
tout. Bonapartiste à partageux, la cheville était au
trou. — Bruscambille dut ravaler sa langue.

Malebranche a fusil, permis de chasse, chien
d'arrêt, grandes guêtres et parts de chasse louées
sur les communaux. Bruscambille, Nemrod au
grand complet de guerre, quatre fois l'an monte la
côte, quatre fois fait chou blanc et redescend bre-
douille. L'honneur est satisfait. Bruscambille, les
grègues nettes et la coque sauve, peut subtiliser et
trancher du capable, affronter désormais le cénacle
des émérites de saint Hubert, les dissertations savantes à perte d'haleine sur les chiens bien gorgés,
les paturons de basset, la perdrix qui se remise au
bois et le lièvre qui se rase en un champ de trèfle.
O terque quaterque beatum Bruscambille!

Ainsi vont les besognes de Bruscambille. Aussi
bien qu'un autre, pourtant, Bruscambille a ses
vertus publiquement blasonnées, ses petits talents
chroniqués et enregistrés, sa place et son utilité
dans le monde de l'Abergement. Découper un pou-
let, un canard, dépecer un gigot avec dextérité et
méthode, sont-ce là bagatelles, à votre avis ? Bruscambille y excelle. « Ah! neveu Bruscambille, chaque
fois que vous dînez à la maison, je prends une leçon,
aime à répéter la Pépuan. Pour détacher une aile,
lever des aiguillettes, à vous le pompon, vous êtes
sans pareil. »

Bruscambille chante, et chante passablement. Son
soprano est naturellement consacré au culte et à
l'Église. Il faut le voir et l'entendre :

> Censeurs, je vous méprise,
> Lancez, lancez vos traits, je ne crains rien :
> Mon bras vainqueur les brise.

A l'époque des convulsions de l'hydre noire dans
tout l'Occident; émeute à Rome pour la vente des
biens du clergé, chute de Thiers à Versailles, le
curé Santa-Cruz en Espagne, sans compter la levée
de boucliers des évêques contre Bismarck en Prusse;
l'Église de l'Abergement-sur-Rioni eut aussi son petit scandale clérical.

Domine, Domine, chantait Bruscambille, *salvam
fac rempublicam.*

Conservatricem, mugit le maëstro Gédéon Odobez,
maître de chapelle à l'Abergement.

Conservatricem, reprend Bruscambille de sa meilleure voix d'enfant de chœur.

« Un castrat de la chapelle Sixtine ! » dit en sor-
tant Malebranche.

« M. Bruscambille, s'en vont répétant les dévotes
ouailles émerveillées, est un castrat de la chapelle
Sixtine. »

Avait-il réellement l'aiguillette nouée, ou le mot
lui a-t-il porté malheur près de la fille de Poinsot,
luxurieuse, assure-t-on, et chaude sur potage, pour
emprunter l'expression de Béroalde de Verville ? Au
juste je ne saurais dire. Mais longtemps, si l'on en
croit les gens, Bruscambille dut faire la veille des
armes à la porte de sa femme. La consommation
de plusieurs mois aurait suivi la bénédiction, et à
coopérer à un troisième, Bruscambille, à son grand
regret, n'aurait été admis que tard. Se heurter à
une déception, en pareille affaire, les femmes le re-
doutent, dit-on, plus que peste.

« Sachez que mon joug est léger, » enseigne

Christ. Celui de Christ peut-être. Celui des cléricaux, c'est autre chose.

Brider ses sens et ses sentiments, renier sa patrie,
ses amis, ses parents; pour dire et se dédire se ta-
rabuster l'esprit, tout sacrifier à ces messieurs de
l'Église, avoir sur les doigts, opiner du bonnet;
médire, étaler le luxe de sa haine; prêter tout doucement des charités à tout le monde, et calomnier,
selon les besoins de la cause; près de chacun faire
le nécessaire; avoir maintes paroles avec les gens;
colporter les fausses nouvelles, les dépêches apo-
cryphes, les petites noirceurs de sacristie; être partout au poil et à la plume : service dur, qui, de
compte fait, profite peu.

Qu'espère donc Bruscambille? Henri V et les jésuites? Les d'Orléans et la fausse république? Bo-
naparte et le gâchis? Il ne se l'est jamais demandé.
Bruscambille a l'âme d'un valet de chambre, sans
nul espoir de grosse aventure.

> Donner la chasse aux gens
> Portant bâtons, et mendiants ;
> Flatter ceux du logis, à son maître complaire :

c'est tout son bonheur, sa politique et son point
d'honneur. De Bruscambille, d'ailleurs décemment

que saurait-on faire, de ce suivant et caudataire de Malebranche?

Revienne Henri V, et, s'il est alors quelqu'un pour présenter le royal coton au bout d'une postiche épée de baleine, ce sera, affirme-t-on autour de lui à l'Abergement-sur-Rioni, le petit Saladin Bruscambille.

MONTBLÉRU DE L'ÉPARGILLIÈRE

L'Abergement-sur-Rioni, petite ville, haut clocher, s'honore d'avoir parmi les siens trois Montbléru : Luc Montbléru tout court, Auguste Montbléru-l'Épargillière, et Ymbert Montbléru de l'Épargillière. *Finis coronat opus.* Le grand chemin, en vérité, de la bourgeoisie gentilhommière à l'Abergement, avec borne milliaire à chaque station. Grand-père, père, petit-fils ; quinze lustres, dix lustres, cinq lustres ; triple génération contemporaine vivant au même toit, en bon accord et intelligence. Ni courroux, ni noise, ni dépit ou maltalent entre eux. Dieu leur en doint heureux encontre à tous trois. C'est là pléiade de bonnes gens, je vous assure.

Le grand-père et la grand'mère habitent le second, le père et la mère le premier, le petit-fils un pavillon sur le jardin.

Pour ne rappeler en quoi que ce soit la tour de
Babel, ce fameux observatoire astronomique des
prêtres chaldéens à Babylone; ni la confusion des
langues si emphatiquement prônée aux légendes
hébraïques, la maison Montbléru n'en a pas moins,
à chaque étage, sa physionomie, sa manière de
s'habiller, ses mœurs, ses habitudes, sa morale
particulière, ses façons de parler particulières surtout.

De teint luisant, vernissé, faïencé, flamboyant
comme brique de foyer ou de salle à manger, Luc
Montbléru hume le piot, paye chopine de vin blanc
à ses amis et voisins, a toujours le mot pour rire,
homme juste et droiturier, s'il en fut jamais.

Auguste Montbléru-l'Épargillière prend de l'absinthe et offre un apéritif aux gens de sa clientèle
politique. Rien de bien distingué dans Auguste Montbléru-l'Épargillière. Il s'en faut, crie Malebranche,
ce dédaigneux museau, cette langue de vipère.

Auguste Montbléru a les traits réguliers, mais de
physionomie, de finesse, point; un personnage peint
à la détrempe, le poil brun et la moustache crûment
accusée. La joue est au violet, l'oreille rouge, loin
de la tête, le chapeau de trois quarts sur l'œil gauche,
l'habit convenable, propre, exactement brossé, de

ceux qui couvrent et n'habillent pas. Roide, com-
passé, avec un paratonnerre dans le dos, rien que de
guindé en Montbléru, le corps, la tenue, l'allure, le
propos, la conduite, la volonté ; garçon pusillanime
aux apparences délibérées et d'aplomb, mal assis en
lui-même, toujours en défiance et sur le qui-vive,
le cerveau désert, hanté de chimères d'alcooliste ;
vanité mesquine, muable, incertaine, mobile, inquiète, versatile, ombrageuse, chancelante ; au premier qui lui impose et lui fait peur, bon enfant parfois, bonhomme jamais.

Vivoter comme un Jean Sucre, les mains au dos,
le coude à table, le verre aux lèvres, la pipe aux
dents, sans affaire, sans tracas ; ne rien penser, ne
rien lire, ne rien apprendre, ne rien dire ou conver-
ser en monosyllabes, en hoquets intermittents,
c'était au fond la destinée d'Auguste Montbléru-
l'Épargillière. Mais était-ce le compte de madame
Montbléru, donzelle renchérie, qui si volontiers fût
entrée, même par une porte de derrière, dans la co-
terie de la gentilhommerie postiche, ce monde du
bâillement et du raisonnement triste ? En dépit des
visées vaniteuses de madame Montbléru, nul ne prit
au sérieux Auguste Montbléru-l'Épargillière. Force
fut bien à madame Montbléru d'ajourner ses espé-

rances et de se tourner du côté d'Ymbert Montbléru de l'Épargillière, son jeune fils.

Ymbert Montbléru de l'Épargillière, dadais morigéné par les dominicains d'Oullins et cerveau démonté par le bigotisme, mièvre, pâle, de peu d'estomac, plein de doctrine comme gibecière de séminariste frais tondu, ne boit que de l'eau rougie, ne fait au café de politesses à personne, suit les offices, chaque huit jours se confesse, s'accuse d'avoir pris une puce en faisant sa prière, devance au bénitier les gens d'âge pour leur offrir de l'eau bénite, révérencie ces messieurs de la paroisse, le plus qu'il peut, leur fait bon ventre, chante ariettes sucrées et chansons doucereuses d'église, lit la Vie des saints, tourne ses pouces, pêche à la ligne.

Diamant qui n'a rien perdu à être poli, prétend-on dans le monde des gentillâtres embéguinés, cette antichambre de la mort et de l'éternité. N'en croyez rien. Un bois ajouté à un acier pointu fait un dard. J'en conviens avec Chamfort. Deux plumes ajoutées au bois font une flèche. D'accord. Mais ôtez l'acier pointu, que reste-t-il ? Un bois empenné, empanaché, inerte, sans poids et sans élan, Ymbert Montbléru de l'Épargillière, victime de l'éducation cléricale et réalisation du rachitisme dévot.

Celui-ci retranche de l'âme
Désirs et passions, le bon et le mauvais,
Jusqu'aux plus innocents souhaits.
Contre de telles gens, quant à moi, je réclame.
Ils ôtent à nos cœurs le principal ressort,
Ils font cesser de vivre avant que l'on soit mort.

La protestation est de la Fontaine.

Muguet, et beau-fils de sacristie, petit crevé cantonal, pauvre Ymbert de l'Épargillière! Puisses-tu n'en pas porter, quelque matin, la pâte au four pour le méfait d'autrui!

Soumettre le corps de son enfant à un traitement orthopédique à rebours, déflorer ses jeunes ans, vouer sa vie aux difformités physiques, quelle mère l'osa jamais? S'agit-il des déviations de l'âme, on y regarde de moins près, la chose s'entreprend de gaieté de cœur. Aux mains cléricales madame Montbléru-l'Épargillière a livré Ymbert, pâte molle encore, pour être pétri, tordu jusqu'à l'étiolement moral. Nul regret en madame Auguste Montbléru-l'Épargillière, qui aujourd'hui se complaît dans son succès.

Luc Montbléru tout court dit des *pourreaux*, Auguste Montbléru-l'Épargillière des *porreaux*, Ymbert Montbléru de l'Épargillière des poireaux. Luc Montbléru dit des *écoupeaux*, Auguste Montbléru-l'Épargillière des *écopeaux*, Ymbert Montbléru

de l'Épargillière des copeaux. Luc Montbléru tout
court dit du *lessu*, Auguste Montbléru-l'Épargillière
du *lissieu*, Ymbert Montbléru de l'Épargillière de
la lessive. Luc Montbléru est *fleustré* dans ses
espérances, Auguste Montbléru *flustré*, Ymbert
Montbléru de l'Épargillière frustré. Auguste Montbléru-l'Épargillière est *dénudé* de malice, Ymbert
Montbléru de l'Épargillière dénué. Auguste Montbléru-l'Épargillière dit un *aliéna*, Ymbert un alinéa.
De son ami Rigolo-Pain-de-Seigle, Auguste Montbléru-l'Épargillière dit : Il est *âcre* à la curée; âpre
à la curée, non, ladre, dit, au contraire, Ymbert
Montbléru de l'Épargillière.

Agent voyer jadis, des matinées entières à pérorer
mètres, centimètres, millimètres, prestations en
nature, à trancher du potentat, du capable et de
l'important avec des ouvriers et gens de culture,
Auguste Montbléru l'Épargillière tend sa pensée,
gourme son langage, abuse du passé défini,
mésuse de la langue, force son ton, alambique
doctoralement sa phrase, confond *démanteler* avec
démantibuler, vacations et *vacances, contamination*
et *contagion;* de mémoire gauche, maladroite, mal
meublée, se souvient vaguement d'occiput, l'em-
ploie sans rime ni raison et appelle ses hanches des

os qui puent. Quelles gorges chaudes de Vien de la Perrière avec ces messieurs de l'Abergement!

Émailler sa conversation, *sermo pedestris*, de passés définis : *J'allai, tu fus, il revint, nous marchâmes, vous fumâtes, ils arrivèrent*, c'est affaire au méridional et au frère ignorantin. En France, le commun des martyrs se contente du passé indéfini, plus élastique dans son emploi normal, plus juste par conséquent la plupart du temps. Auguste Montbléru-l'Épargillière à foison se donne du passé défini. Il se voit par là de bon air, de haute bourgeoisie, d'éducation relevée et du dernier bien. « *Finot observa Perçante,* » ne manque-t-il de dire, en contant les œuvres d'amour de son chien.

Trois chiens dans la maison Montbléru. A Luc Montbléru un roquet, la queue en salsifis; à Auguste Montbléru-l'Épargillière, un chien de chasse mâtiné; à Ymbert Montbléru de l'Épargillière un superbe pointer anglais. Chiens de garde? chiens de chasse? Nullement. Chiens de compagnie tout au plus, assortis chacun à l'humeur de son maître.

La grand'mère, elle, parle à la bonne franquette, et s'entend bien. Madame Auguste Montbléru-l'Épargillière, beauté crépusculaire, de prétentions sophistiquées, mijaurée et chatte mouillée, toujours à

6.

chercher le bel air des choses, tours, contours, façons nouvelles, emmièvre sa pensée, édulcore ses sentiments, minaude son geste, sautille et grimace ses allures, dandine sa tournure, le plus qu'elle peut, éteint, étiole la nature autour d'elle. Arriver à tout ce qui de près ou de loin sent sa gentilhommerie postiche, c'est là son idéal et son rêve.

Que quelqu'un des siens, maladresse ou fâcheux accident, ait quitté ce monde pour un meilleur, madame Montbléru-l'Épargillière en est, des années entières, aux grands pleurs, au deuil en grand volume : une veuve du Malabar. Une tourmente, un abîme de tristesse peut-être? Non pas : simple souffrance rêvée et arrangée, douleur à s'envelopper et s'habiller. Voilà tout. Est-ce sa faute? Ainsi le veut le bon ton parmi ces dames de l'Abergement, par excellence le pays de l'outre-passe, où caricature fait beauté. Se maintenir dans la mélancolie de son roman de regrets, n'arriver qu'à contre-cœur à ce courage ridicule qui a nom résignation dans les pays à enfer, c'est la la coquetterie, le point d'honneur de madame Montbléru-l'Épargillière.

Voyez ce que c'est que du monde! Luc Montbléru jadis eût fait des platitudes pour se donner telle bru, Claudie, la fille unique du père Anselme Faidit,

son ancien maître en la ferme de l'Épargillière.
Sous la trame froissée de la vie, que de mécomptes,
pauvre Luc Montbléru !

« La Claudie d'Anselme Faidit est une fille qui me
convient, » disait-il un jour à Vien de la Perrière.
Voilà notre Auguste habile et idoine à être allié. Cinquante mille francs en manière d'aisance, le jour des
noces, et le reste après ma mort. Le reste sera bon.
Un coup de main, docteur, et c'est chose faite.

— Nous verrons l'urine de l'égrotante, grommela
notre fantasque docteur, de si brusque incartade.

Vien aurait marié le grand Turc avec la République de Venise. En la manse du père Anselme
Faidit, rien ne traîna. De prime abord le père topa.
Luc Montbléru marchait dans la vie d'un pas relevé,
faisait sonner ses sonnettes, fringuer ses chevaux.

Laisser le boire et le manger pour aimer par
amour, ce n'était pas précisément le fait de Claudie,
qui grillait d'être à la ville, parmi ces dames de
l'Abergement. Soupirs, grands élancements, minauderies et lascivetés mignardes, il n'y en eut pas
pour deux mois. Vite Claudie fut inaugurée madame
Montbléru à l'Abergement. Au nom de son père
Auguste joignit celui de la belle ferme d'Anselme
Faidit. On eut à l'Abergement désormais deux Mont-

bléru : Auguste Montbléru-l'Épargillière, demi-ho-
bereau campagnard, contrefaçon de ces messieurs
de l'Abergement, et Luc Montbléru tout court.

Instinct, tempérament, génie, nature, comme il
vous plaira, Luc Montbléru eût été vaudois et albi-
geois avec Raymond de Toulouse et le vicomte de
Béziers; protestant avec Luther, en Allemagne;
presbytérien et covenentaire avec Jean Knox, en
Écosse; indépendant, tête-ronde et niveleur avec
Cromwell, en Angleterre; montagnard avec Danton,
en France. Aujourd'hui simplement anticlérical et
républicain, s'il a une dent de lait, pour user de
son propre langage, contre le noir essaim dévorant
sans cesse à bourdonner aux oreilles des gens, n'en
accusez ni l'enseignement laïque, ni les livres, ni
les journaux.

Pour Luc Montbléru nulle école en ses jeunes
ans, un seul maître, son grand-père, serf et main-
mortable de l'abbaye de Pesmes, dans la Haute-
Saône, avec qui l'enfant menait les bêtes aux
champs. Pourquoi lui en voudrait-on de ne pas
avoir de l'esprit comme quatre? Quant à lui tirer
les vers du nez, il n'y en a guère eu qui s'en pussent
vanter. Et cela m'a bien suffi, se disait-il en son
par-dedans et for intérieur.

Affranchi et légalement mis en liberté, le grand-
père était venu chercher fortune à l'Abergement-
sur-Rioni. Il en avait conté de belles à son petit-fils
sur la vie des moines et les misères des mainmor-
tables du couvent. Luc n'avait rien oublié, pas
même la vieille chanson du serf affranchi :

> Depuis que décrets eurent ales,
> Et gens d'armes portarent males,
> Moines allarent à cheval,
> En ce monde abonda tout mal.

La messe à la Noël, à la grand'Pâque, à la bonne
heure, c'était la coutume. Mais de confession, de
prêtres autour de lui, point ; ni chapelet, ni signes
de croix aux carrefours des chemins, ni *Angelus* à
la tombée de la nuit et à l'*Ave Maria*. Loin de l'é-
glise, près de Dieu, c'était sa marotte, à ce vieux
Luc Montbléru. Pourtant, à son arrivée à l'Abergement, au temps de la Restauration, Dieu sait si
c'était la mode. Pas moyen d'ouvrir sa fenêtre sans
cracher sur un dévot et congréganiste.

Luc Montbléru n'a jamais donné un soufflet au
bon droit de quiconque. Luc Montbléru vote pour
qui se tient le plus près de la république, le plus
loin de l'Église. « L'Église, la république, voyez-

vous, répétait-il autour des pots, leurs chiens jamais ne chasseront ensemble. »

Vainqueur au scrutin : « Peut-être le jour est-il venu, » s'écriait-il. Vaincu : « Le jour viendra, jeunesse grandira, vieillesse ne périra. »

Un beau gars, de grand sens et du meilleur flair naturel, que Luc Montbléru, bien tourné, en ses vertes années, et jeune poulain qui avait du mouvement. Les filles ne s'y trompaient guère.

A la ville, chacun s'émerveillait, le dimanche, quand Luc, descendant de la ferme de l'Épargillière, où il était au service, s'en venait à l'Abergement-sur-Rioni, leste et déluré, le cou robuste planté à souhait dans le haut col de sa chemise de rude et âpre toile bise, retenue aux épaules par une petite cravate en corde, en sa rouillère bleue flottante sur pantalon de futaine dégingandé et pour la boue retroussé à montrer des chevilles accusées et nerveuses. Son bonnet de coton noir, chausse molle de confiseur, rabattu sur la nuque par une houpette puissante, touffue, laissait voler au vent, en bruns copeaux frisottants autour de la tête, la couronne de ses cheveux, soie la plus fine qui se vit jamais. Plus d'une des plus bruyantes et des plus renom-

mées d'alentour très-volontiers en eût tâté, de ce
gentil compagnon.

Marie Cressé avait la beauté du pays et du bien
de famille, aimait les fêtes bocagères, les ébats sur
l'herbe verdelette. Au regard franc et ouvert, à
l'œil noir, doux et fier de Luc Montbléru, fringant,
frais, en bon point, fort et roide galant, semblait-il,
Marie se laissa prendre. Bien vite leurs flûtes furent d'accord.

Vaillante, prude femme, Marie Cressé, douce et
pitoyable au monde, bien qu'un peu forte en gueule
dans son auberge et cabaret; cœur du plus haut
prix et bonne pièce à s'enfermer toute vive en un
mari. Luc le vit assez. Une fois essaimée hors de
ruche, échappée du torchis et branches de fagot
rechampies de terre, où elle vivait avec son père,
pour Marie Cressé plus d'autre homme désormais
que son mari, son chef, son seigneur et son maître.
Luc le lui rendait bien et en même monnaie. Ni
fredaines, ni faiblesses, ni honneur féminin dont
on cherche à faire curée. Partant quitte à quitte,
et vie qui va d'elle-même.

Bois, paille, foin, graines et vin, Luc achetait
tout, le revendait, n'y perdait ni son temps ni sa
peine, point gaillard à se laisser prendre par pei-

sonne une puce sur le nez et à gober le morceau.
Leurs affaires allaient ainsi bon train. Luc éleva,
maria son fils Auguste, et se mit à l'ombre cent
mille francs, argent sec et liquide, pour se permet-
tre aise et repos sur ses vieux jours, et endurer la
débilité de l'âge, comme il disait lui-même.

Au 1er janvier 1873, pour Luc ce fut encore belle
et riche journée. Malgré les rodomontades gentilhommières, en dépit des levées de boucliers cléricales et des effarements bourgeois, la république,
mutilée par les menées royalistes, mais toujours
debout, semblait pourtant de force à braver les
orages amoncelés autour d'elle, souriait à l'immor-
talité. Il eût fallu le voir, le vieux Luc, la figure
illuminée de son bon cœur et des reflets du vin
blanc, en son bel habit gris-savon à reluisants bou-
tons de cuivre jaune, en son gilet à ramages rouges.

La messe venait de finir à l'Abergement-sur-Rioni.
Exacts au rendez-vous annuel, le grand-père et la
grand'mère étaient descendus dîner chez leur fils.

Déjà fumaient tranches succulentes, mouton
gourmandé de persil, dindon cantonné de pigeon-
neaux; déjà riait, aux larges flancs de la bouteille,
le vin à séve veloutée, et bourgeoisement s'étalait,

comme président en son fauteuil, le pain de rive à biseau doré.

Auguste Montbléru-l'Épargillière, ce jour-là, était à l'aise, en plein dans sa nature de bon cœur et simple garçon, n'ayant pour sa vanité chez lui mur: à oreilles de Libri ou de Bruscambille, sans crainte non plus d'être surpris, recherché et mis en peine, ne songeant ni à Lambessa, ni aux casemates de la réaction.

Les allures quintessenciées de Claudie, sa belle-fille, avaient d'abord imposé à Marie Cressé, la grand'mère, et la gênaient. Si elle allait faire tache et gâter la fête de famille! Un simple éclair de mauvaise honte, voilà tout.

Luc posa sur la table un sac de deux mille francs gais et luisants écus.

— Tiens, dit-il à Ymbert, tiens, garçon, prends ça pour le cirage de tes bottes molles à retroussis et les joyeuses foliettes de ton âge. Nos économies d'un an à ta grand'mère et à moi. On ne dépense guère à la maison. Ta grand'mère fait le ménage et la cuisine. Elle aime mieux ça. Moi, j'ai mes chopines. Le reste est pour toi. Seulement, on est vieux, prends-y garde, garçon. La mort n'a respect à aucun. Morte la bête, mort le venin. Profites-en pen-

dant que ça dure. Bah! je prêche dans le désert.
Oh! ne me parlez pas de ces petits garçons et éco-
liers, une bonne toujours au cul et aux chausses.
Ça fait de la vanité plus tard, ça ne fait pas des
lurons. Chapelet, scapulaire, *ora pro nobis* aux
processions, tout ça des régals peu chers pour un
jeune homme. Par là on tient plus du côté de dame
folie que de raison. A ton âge, vingt-cinq ans tan-
tôt, on joue de la prunelle, on s'amuse, on pousse le
doux, le tendre, le passionné. Que diable! Ne pas
aller trop loin, s'entend, et ne pas prendre le mors
aux dents.

> Qui joue des reins en jeunesse,
> Il tremble des mains en vieillesse.

On sait ça. Encore faut-il être jeune à son âge.

Et Luc de chanter à belle voix la vieille danse
macabre de Dôle, qu'il tenait de son grand'père :

> Ah! galan, galan,
> Que tu es fringant!
> Si faut-il meure.
>
> Eh! mort arrogan,
> Prends tout mon argean,
> Et me laisse queurre.

Auguste Montbléru riait. Marie Cressé ne savait

où mettre ses yeux. Ymbert Montbléru de l'Épargillière regardait le bout de ses bottes. Claudie, la
belle-fille, toujours et sur tout épiloguant, par-
dessus les oreilles rougissait comme vaisseau d'al-
bâtre.

Luc n'en eût pas moins osé dire tout outre sa
pensée, fourrager à son aise, aheurté à ses propos
gaillards et choses chatouilleuses. Luc s'assit à
table jusqu'au ventre, mangea consciencieusement,
but comme un condamné à mort.

Va, mon pauvre Luc Montbléru, rebats les oreilles
aux tiens, tu as beau faire. Vieux lion démocratique, secoue ta crinière, de ta queue fouette-toi les
flancs. Peine perdue. Le mal est fait, mal incurable,
qui plus va plus empire, d'Auguste Montbléru-
l'Épargillière à Ymbert Montbléru de l'Épargillière.
On est bourgeois gauche, inepte, sans relief, plus de
flot du cœur, plus de vertu démocratique, plus de
travail, viatique, sérénité et force de la vie, plus
d'idéal, d'équité, de justice dans l'égalité, plus de
dignité personnelle, plus d'instinct, plus de ressort.
De la démocratie on a laissé l'auréole et le prestige,
on n'en a gardé que les grossièretés, les scories et
les basses habitudes. Votre fils, par la sacristie en-
guirlandé, à son pied traînera la chose morte, et

d'autant plus pesante, le quiétisme religieux et moral, la dévotion ponctuelle et mondaine, devant le
bric-à-brac royal agenouillera son indépendance et
sa liberté.

Donc colosse aux pieds d'argile, Auguste Montbléru-l'Épargillière? Croyez-moi, rien de colossal,
la vanité exceptée, dans Auguste Montbléru. Rouge
ballon captif tout au plus. La tête, impuissante à
quitter la terre, va, gonflée de vent et de néant,
oscillant au caprice des vanités et visées puériles,
sans pôle ni boussole, du bonapartiste Vauquier et
des candidatures officielles à l'ordre moral et à Rigolo-Pain-de-Seigle, le maire postiche de ces messieurs de l'Abergement. Républicain parfois, s'il a
besoin de ses camarades au suffrage, quelles angoisses! Transportations, internements, casemates,
terreurs de la réaction : l'air en est chargé et lourd
autour de Montbléru. Vite passe-volant et bouche-
trou de ces messieurs, pour un os à ronger au conseil municipal, il se fait leur aboyeur juré, l'insul-
teur de ses propres amis. Vain effort, pourtant, et
servilité inutile. Que Montbléru laisse à ces messieurs
le haut du pavé, tout le pavé, s'il se peut, il n'y ga-
gnera rien. Délaissé, peut-être vilipendé des siens,
dédaigné de ces messieurs, à qui de rien jamais il

ne sera, il lui faudra mourir paysan mal décrassé comme devant. Point loup, dit de lui M. de Studéas, ombre d'un loup, voilà tout.

Plutôt que cette vie inquiète, vie de lièvre entre deux sillons, mieux vaudra, à tout prendre, la destinée d'Ymbert Montbléru de l'Épargillière, arrivé à l'idéal de l'éducation cléricale, au *non culpa* du moderne séminariste, visage de bois, physionomie de foi fervente et d'esprit éteint, vraie figure du Guerchin en ses tableaux d'église.

Qu'adviendra-t-il de lui?

Sera-t-il dieu, table ou cuvette?

comme dit la Fontaine. Cuvette, soyez-en sûrs. Semer de la ciguë et prétendre voir mûrir des épis, folie, a écrit Machiavel.

Avec Ymbert ces messieurs ont toute garantie. Sa mère toujours en a tenu pour l'Église. Ymbert pratique et vote bien. Claude Bazu donne le billet, Pépuan l'apporte, et Ymbert correctement le met dans l'urne. Ymbert a ses quartiers de noblesse, pour sa particule droit de cité et de bourgeoisie dans le monde des hobereaux. Ymbert Montbléru est désormais de l'Épargillière tout aussi authentique que

Malebranche est de Malebranche. Ymbert a sa légende postiche.

Son aïeul maternel, ainsi le conte madame Montbléru l'Épargillière, était né seigneur de l'Épargillière, avec terrier et directe, droit de haute et basse
justice. La Terreur avait passé par là. La Terreur a
bon dos, et les bourgeois-gentilshommes ne lui sont
vraiment pas assez reconnaissants. Le seigneur de
l'Épargillière était devenu Faidit, simple démocrate
et fermier de l'Épargillière. Registres de la paroisse
détruits, plus de traces de la noble famille.

Inscrit au collége d'Oullins sous le nom de l'Épargillière, Ymbert avait renoué le fil de la noble
lignée. De l'Épargillière au collége d'Oullins, de l'E-
pargillière à l'Abergement pour les petits hobereaux
embéguinés, ses camarades d'études, quoi de mieux
établi que la bourgeoisie gentilhommière d'Ymbert
Montbléru de l'Épargillière ?

Petit poisson deviendra grand, et mauvaise herbe
croît toujours. Ymbert Montbléru de l'Épargillière
saluera le moindre tricorne comme on ne salue pas
même Dieu le Père. Ymbert Montbléru de l'Épargillière prendra femme à particule postiche. Ymbert
Montbléru aura abbé précepteur pour ses enfants.
Madame Montbléru de l'Épargillière donnera au

denier de Saint-Pierre, *si fata sinant*, s'il y a encore
en ce temps-là vicaire de Jésus-Christ sur la terre.
Les vœux de madame Montbléru l'Épargillière seront enfin comblés.

Monsieur Ymbert Montbléru de l'Épargillière,
congréganiste authentique, patenté, sera de la fa-
brique, du bureau de charité, administrateur de
l'hôpital dans l'intérêt d'un ordre religieux quelconque, tiendra le gland de la bannière, pavoisera sa
maison aux jours de solennel pèlerinage, illuminera,
le soir, pour les processions aux flambeaux, traitera
de démagogue quiconque ne s'abreuvera à la coupe
de Claude Bazu, ne vivra de la routine moutonnière
de ces messieurs de l'Abergement-sur-Rioni.

Ymbert Montbléru de l'Épargillière, vélite et
chevau-léger dans l'armée d'Henri V, votera pour la
Révolution de 89 à rebours, à moins que la fameuse
lettre à Chesnelong n'en ait fini pour jamais avec la
restauration clérico-monarchique, cette fantasma-
gorie gonflée de vent.

L'ABBÉ FANFULLA

« Par le péché on monte. »
(MOLINOS.)

Émoi dans la plaine, grand émoi sur les monts,
aux plus hautes cimes. Où es-tu, Bossuet, aigle
biblique de Meaux, où est ton dramatique pinceau?
Madame se meurt, Madame est morte! Les larmes
viennent. Ah! ah! ah! *Domine Deus!*

Ménades affolées des steppes chauves et brûlés
de la bise, pleureuses de Phrygie en quête du lambeau sanglant, du divin adolescent, de leur Bacchus-
Adonis; amoureuses Isis lamentant leur Osiris,
toutes s'agitent, se frappent, se déchirent, cheveux
épars et seins au vent. — Il a péri, Fanfulla! — La-
bourée, sa chair, — dispersés, ses membres. —
Ah! maudit, le cheval qui l'a emporté dans sa
course folle! — Maudite, la voiture, le char suisse
où il triomphait, rayonnant comme le Bacchus

7.

indien! — Fanfulla a péri! — Sur l'aile des vents
en a couru la nouvelle. — Maudites, les épines de
la lande qui ont bu le sang précieux! Maudites,
les pierres du chemin qui ont brisé les os! — Fanfulla n'est plus, Fanfulla a péri!

De son altier castel, elle descend haletante, la
belle veuve brune, si richement dorée du soleil de
sa montagne, la noble madame de Châtelneuf, à
l'œil de pervenche, rose épanouie toute grande
ouverte. Ses ruisselantes anglaises trempent au
bain de la nuit, à la rosée des monts. De Châtelneuf Fanfulla était la joie, la fête et le sourire.
Ni repos désormais, ni assiette au noble castel.
Fanfulla n'est plus, le bel abbé Fanfulla a péri! —
Maudite, ma main qui a donné le cheval! criait-
elle par les chemins, de mortels regrets exaspérée.

De Beaurepaire aussi elle se hâte, au long de la
ravine fauve, la blonde jeune femme aux yeux vert
de mer, le dos charnu et poli comme en une toile
de Rubens, frais bouton de rose naguère, d'une rose
aujourd'hui par les larmes effeuillée. Beaurepaire,
Châtelneuf, double flot de gentilhommière splendeur, paroisses jumelles sous un seul pasteur, une
seule houlette. Un pied à Châtelneuf, un pied à
Beaurepaire, divin époux en la noce spirituelle,

Fanfulla faisait deux lits. — Quelle suave odeur venait de lui? A son parfum je l'aurais suivi, murmurait la blonde Lénore de Beaurepaire, bel ange dans la neige pétri, triste oiseau égaré aujourd'hui sur la route de l'Abergement-sur-Rioni. — Mort Fanfulla, Fanfulla a péri! Plus ne m'est rien, rien ne m'est plus. — Ah! maudite, mille fois maudite, ma main qui a donné la voiture, présent funeste, présent de mort!

De la noce spirituelle aussi, les sœurs garde-malades de Châtelneuf, toutes deux du divin enfant énamourées, sûres de trouver en lui indulgence infinie. Tant de fois, aux heures ardentes, aux heures malades, on les avait vues assises, Fanfulla au plus près entre deux, à l'ombre des haies vives, aux steppes où fleurissent les amers, thym, serpolet, amoureuse marjolaine, sauge, menthe poivrée, de parfum pénétrant à réveiller le cerveau, de ses morbidesses à raviver le cœur. Dans leur sein, Fanfulla, la bouche en la bouche plongée, à flot versait le dictame, la divine semence, la parole de vie et d'amour. — Paissez, mes brebis, paissez, mes agneaux.

A toutes jambes, elles courent au navrant spectacle. — Mort Fanfulla, aux cailloux des chemins ses chairs pantelantes. Ses ardeurs, sa fougue, l'ont perdu, Fanfulla. Fanfulla n'est plus! gémissent les pieuses filles éperdues, éplorées.

Qui l'a entendu, quand les cloches jasent avec le vent ; qui de la gent roucoulante l'a vu, aux lueurs indécises, lorsque le son de l'airain, dans l'éloignement, semble plaindre le jour qui se meurt, pour user des paroles du Dante, qui l'a vu, dis-je, glisser, sur son coursier aux pieds d'acier, ombre fantastique entre la nuée et la terre, œil en feu, joue en fleur, qui l'a entendu, qui l'a vu une fois, bien des nuits en a rêvé, et n'est pas là, ardente, angoisseuse et désolée ? Lui, il était à toutes, n'en préférait aucune, et toutes le préféraient.

Beau, l'abbé Fanfulla, de traits réguliers, de profil acéré et correct, un camée antique. Le cœur sur le visage, l'œil s'allume et rayonne de toute la juvénile chaleur emmagasinée dans son âme par les longs jeûnes, le cruel sevrage du séminaire, des années de noviciat passées au couvent des chartreux. A toute heure, qu'il le veuille ou non, il s'en émane on ne sait quelle jouvence.

Fanfulla est abbé de plaine, chose rare autour de l'Abergement-sur-Rioni, où tout abbé est fils

de la montagne, cette âpre et rude mère. Fanfulla
n'en a que plus d'élégance et de fini, grand,
svelte, élancé, un jonc du Midi; de taille fine,
souple et nerveuse, sous l'ampleur de sa noire soutane.

Charme malsain d'un marais sous les fleurs,
bourbeux torrent d'équivoque religiosité, disent
les gens sensés. Sensés, non pas, moroses et
chagrins plutôt. Rude ouvrier, en effet, dans la
vigne du Seigneur, que le bel abbé Fanfulla!

Trêve aux lamentations, aux planctus du cœur,
pieuses épouses en la noce spirituelle, plus d'affolé pourchas au lambeau sanglant. Brisé, meur-
tri, sans doute, Fanfulla. Mais de ses membres nul
ne manque. Fanfulla est entier, de lui Fanfulla
n'a rien perdu. Déjà une lueur a rosé sa joue pâle,
la lèvre frémit, s'agite, va parler. Fanfulla parle :
« Mangez et buvez, mes amis, j'ai fait ma ré-
colte complète, cueilli ma myrrhe et mes parfums,
bu mon vin et bu mon lait, j'ai mangé si bien tout
mon miel, que j'en ai mangé le rayon. »

Pauvre Fanfulla, comme saint Paul, il a eu
dans la chair plus d'une épine, apôtre de passé un
peu morbide.

A ses débuts, Fanfulla était desservant de la

paroisse de Chavériat, au pied de la côte. Point
tonitruant de sa nature, le voilà pourtant qui
prêche, sibyllise et fulmine. L'ordre est venu
d'en haut de démasquer toutes les batteries. La
sacristie arbore franchement sa cocarde èt déploie l'oriflamme de Saint-Denis. Plus de bonapartistes, plus de faux républicains conservateurs.
La contre-révolution veut savoir ce qu'elle pèse,
être battue sur son propre dos. « Ni livres, ni
journaux, ni science, criait Fanfulla, point de
piéges d'enfer et d'engins de Satan. »

Les hommes hochaient la tête. On a tant besoin
de savoir, s'en allaient-ils. La cure nous veut-elle
donc ensauvager?

— Soyez soumis aux puissances. Qui résiste,
résiste à Dieu.

La patience branlait aux caractères les plus en-
durants.

— Point de vaine espérance, toujours nous serons
les maîtres sur la terre comme au ciel. — Ah! on
vous parle de dîme. Eh bien, oui, vous l'aurez,
la dîme.

— Cependant on a payé la terre, marmottaient
les hommes.

Fanfulla se tournait vers les femmes. Plus de

molle complaisance, d'indulgence coupable. Le monde n'est-il pas le marchepied des passions féminines? Vos faiblesses perdront tout, et le mal retombera sur vos maisons, sur vos têtes, sur celles de vos fils.

Fanfulla appelait aux pèlerinages, poussait aux quêtes, aux sacrifices. Pour arrêter les danses, Fanfulla se jetait aux plus chaudes presses de l'ennemi, tout ensoutané faisait le coup de poing. Aux guinguettes, aux cabarets, sa mère elle-même allait curieuse, inquiète, notant tout. Le confessionnal venait à la rescousse.

Les femmes, avant-goût de damnation et de pénitence, déliraient d'être fouettées de la verge du beau flagellant Fanfulla. Plus de paix aux chaumières! — Vous verrez, se prenaient à dire les maris entre eux, qu'on ne pourra avoir fils de ses œuvres que la sacristie n'en ait donné sauf-conduit. Et puis sied-il donc à un prêtre de tant faire le muguet et le beau fils?

Bafoués chez eux, les hommes s'étaient vengés au scrutin. Le candidat républicain, aux élections partielles d'avril, eut une écrasante majorité dans la commune de Chavériat.

Chose autrement grave pour Fanfulla, il y eut des grossesses mystérieuses, inexpliquées.

> Et pâle, Ève sentit que son flanc remuait.

Catastrophe finale, on parla d'un avortement. Fanfulla avait été frère apothicaire chez les chartreux. Épaisse vapeur de remords, de panique et de mauvais songes, aux prises avec les affres de la mort, la jeune victime avoua tout à son médecin. Desservi dans sa clientèle par Fanfulla, celui-ci prévint le parquet.

— Reprenez-moi, Seigneur, je ne suis pas meilleur que mes pères, disait en se frappant la poitrine Fanfulla, assis sous le genévrier de la Bible.

Corbineau intervint, apaisa, étouffa tout.

— Allez, allez, répétait-il à quelques jours de là, allez : le péché est le champ où moissonne la grâce.

C'est ainsi que Fanfulla s'en était venu à Châtelneuf, dans la haute montagne, et à Beaurepaire, qu'il desservait également. Plus de politique désormais en Fanfulla, plus de politique de combat surtout, plus de zèle clérical emporté et sauvage, plus de Barbe-bleue tonsuré, de rabatteur d'électeurs aux urnes du scrutin. Au 24 mai, l'ordre moral le trouva tiède, indifférent aux excitations de l'évêché, et autel refroidi de cléricalisme et d'officielle morale.

La femme est la désolation du juste, a écrit Proudhon. Fanfulla sur les monts trouva madame de Châtelneuf, madame de Beaurepaire, tant d'autres, de vie, d'ardeur flamboyantes. Ivresse et orgie de la grâce à la façon de saint Paul, vie arcadique, légende dorée, noce spirituelle et bigamie bénite, tout recommença. Prélever la fleur des âmes, respirer le parfum de leur matin, n'est-ce rien à vos yeux? Verte séve de mars, brillant azur d'avril, brûlant rayon de juin, de tout jouissait Fanfulla.

Aussi elles sont toutes là, les dévotes épouses de la noce spirituelle, ardentes, empressées autour du lit de douleur, pleurant des yeux, du cœur et de la tête. Chacune met la main au beau corps, le touche, le palpe, de sa lèvre embrasse les plaies, les lave, y applique les bandelettes, les couve, les mûrit de sa chaleur. Baisers, frictions, complexion entre deux draps fomentée, tant d'énervante tendresse, de centrifuge attraction, tant de zèle indiscret! Un autre en serait mort. Fanfulla ne s'en porte que mieux. Il sera évêque demain, quels que soient les événements.

Le sacrifice est prêt, le taureau couronné.

Corbineau, tout-puissant, fait le vert et le sec à Froshdorff, Corbineau a été, en mai, l'un des plus chauds promoteurs de l'ordre moral, Corbineau a la parole du septennat.

Fanfulla a-t-il été fait par sa mère en un jour de mauvais désir? pour parler avec la Bible, ou bien a-t-il germé dans l'aurore et la beauté sereine? Au juste on ne voit guère, à en juger par sa destinée. Sa vertu est-elle de celles qui manifestent leur force par leur infirmité même? comme disent les mystiques. Tout haut, à qui le veut entendre, Corbineau proclame Fanfulla né dans la grâce et prédestiné.

Heureux diocèse, heureux diocésains, qui auront monseigneur Fanfulla! Plus heureuses diocésaines et pieuses ouailles, qui, pour leurs mystères, leurs fêtes orgiastiques et noces spirituelles, auront Bacchus-Adonis-Fanfulla!

———————

GÉDÉON ODOBEZ

N'était l'épais toupet chinchilla qui recouvre sa phénoménale bille de billard, Gédéon Odobez aurait la tête bien plus près du bonnet. Mettre, comme le Samson des Hébreux, sa gloire et sa force dans ses cheveux, Gédéon Odobez, chef de fanfare et maître de chapelle à l'Abergement, en eût été enchanté. Tout n'est qu'équilibre et compensation ici-bas, si l'on en croit ce bon Azaïs. Gourmé de santé, bourré de chair, bondé de sang, le teint carnassier, trivialement rouge, la nature a découronné Gédéon, lui a interdit l'orgueil de la chevelure aux vagues d'or ou d'argent.

Pour arrimer, le matin, sur l'ivoire de sa tête, son toupet chinchilla, il en coûte une heure à Gédéon, j'en conviens. Le chapeau, qui doit maintenir le toupet d'aplomb et correctement aligné, Gédéon le

dispose avec méticuleuse sollicitude, je le sais. Gédéon, le plus qu'il peut, évite de se découvrir dans
la rue. Et puis, après? Est-ce une raison, pour plus
d'un, d'en conclure que Gédéon ruse avec l'opinion, dissimule son infirmité et le ravage des
ans? Supposition bien gratuite, je vous assure.
Gédéon, quand il le faut, a le courage de sa cal-
vitie.

Plus d'une fois, par grand soleil de juillet et rage
dévorante de canicule, en pleine rue, devant le dais
processionnel, à la tête de sa fanfare cantonale, on
a vu Gédéon, avec ses airs de commandeur et sa
rustique grandezza, étaler aux regards toute la
splendeur ivoirine de son crâne, marcher de solennelle allure et en gravité posée, suivi de son toupet
chinchilla porté au bout de la canne du maëstro par
un musicien acolyte.

Pléthorisé, largement facié et camus en chien
d'Artois, Gédéon Odobez est gras, fluant, bête de
belle apparence, et forte : comment autrement, s'ap-
pelant Gédéon? Fort à table surtout, Gédéon, prêt
toujours à prendre l'écuelle aux dents, demandez à
qui a eu charge de lui fournir le croc, fort à tenir
bon aux jeunes gens. Quoi d'étonnant? Gédéon
Odobez, au dire des gens de l'Abergement, a le py-

lore, jamais ne peut manger à sa faim, en avoir
pour sa dent creuse.

Avoir toujours faim, et, par suite d'affection can-
céreuse à l'estomac, en rester sur son appétit, ne
pouvoir manger à sa faim, c'est avoir le pylore, à
l'Abergement-sur-Rioni.

Personne étoffée, de longue main faite à payer de
façade et d'épaules, Gédéon Odobez. Seulement, en
Gédéon il y a on ne sait quelle audace empruntée
et boursouflée, des efforts qui restent en arrière,
condamnés à ne jamais aboutir. Avez-vous parfois
regardé marcher Baculard ou Saladin Bruscambille? Leurs bras les précèdent et vont devant.
Quand marche Gédéon, au contraire, appendices
tardigrades et balanciers en surcharge de son torse
en faux aplomb, busqué, renversé en éventaire, sur
jambes forcées et arquées en lames de sabre, les
bras de Gédéon suivent et vont derrière. Au vrai,
Gédéon ne marche point : il piaffe et marque le pas.

Tel qu'il est, Gédéon Odobez, même aux plus
mauvais temps des redingotes en détresse, n'en a
pas moins toujours eu un goût de terroir très-pro-
noncé, hydropique importance, à s'en garer comme
de belle charretée de foin. Gédéon Odobez, c'est
vrai, n'a pour son compte ni particule postiche, ni

pignon sur rue, ni terre au soleil. Gédéon Odobez,
pourtant, au grand regret de ses amis, est un con-
génère de ces messieurs de l'Abergement, garçon à
qui, de naissance, paresse a lié et les doigts et la
tête, aigle Falstaff qui engraisse, ne se soucie.

Point du tout bloc erratique, notre Gédéon, déra-
ciné, chaviré par les eaux, envasé et perdu dans la
gentilhommerie embéguinée, cette mollasse d'en-
fantine incertitude et de marasme dévot. Rameau
franc et domestique de l'Abergement, Gédéon Odobez tout naturellement y a repris racine, gras et re-
fait, après avoir longtemps habité les grands chemins et fatigué le trimard de la bohème. Vieux levain
de bourgeoisie tardigrade et postiche gentilhommerie, manuscrit palimpseste, dont, par procédés
chimiques, on fait reparaître les lignes, Gédéon,
comme ces messieurs, reste persuadé que, privilège
et prérogative, il a tout talent, toute supériorité par
grâce d'état, toute sagesse infuse, avec droit inné
de primer et prévaloir.

A cet endroit, nulle expérience n'a pu le conver-
tir, l'assagir, ce pauvre Gédéon, éternelle préface en
rodomontades de livre qui jamais ne s'écrivit. Gédéon a côtoyé les mathématiques, sans y prendre
pied. Est-il, en effet, route royale et bourgeoise en

mathématiques? Le droit, sans y rentrer. Gédéon
allait-il se réduire au rôle de notaire? Cet aigle en
cette cage? Gédéon s'est rabattu sur la peinture.

École italienne, école espagnole, école flamande,
Rubens, Raphaël, Ribeira, vous en eussiez eu une
râtelée. Gédéon a imité le cri des animaux, le siffle-
ment du vent dans les cordages, la vapeur des loco-
motives, le riflement de la scie dans le bois : tous
petits talents de rapin d'atelier où excellait Gédéon.

La douce et chaste Yolande de Richomme ne
saurait, sans pâmer de rire, se rappeler le jour où
Gédéon, comme par subit malaise, s'était jeté hors
de table pour s'appuyer la tête à la muraille. Grande
consternation de toutes ces dames de la gentilhommerie bourgeoise. Violents, convulsifs hauts de
cœur, cascasdes et bourbeux clapotements d'estomac en éruption. Pauvre jeune homme! Gédéon se
retourne, la figure rayonnante, l'index révélateur
aux épluchures de marrons piétinées, cause de l'illusion et du sens dessus dessous général. Quel fou
rire de la gentilhommerie bourgeoise au septième
ciel! Mon Dieu, que ce monsieur Gédéon a donc
d'agrément! Estèphe et Théobald de Richomme,
à toute force, voulaient faire de la peinture.

De crayon, de pinceau, jamais pour Gédéon. Gédéon Odobez ne fut donc ni paysagiste, ni peintre d'histoire, ni peintre de genre ou de portrait, pas même aquarelliste. A Gédéon la littérature.

Pseudo-mathématicien, pseudo-jurisconsulte, pseudo-peintre, des lettres que va retirer Gédéon? Force revues, force journaux, de livres sérieux à peine un ou deux, pendant les rigoureuses journées d'hiver à la bibliothèque du Louvre, jamais à la bibliothèque Mazarine, trop mal chauffée, au sentiment de Gédéon. Pas d'autre lecture, d'autre nourriture morale, d'autre étude, d'autre travail pour Gédéon. Quant à écrire, qui donc a jamais lu une page de Gédéon Odobez? Simple dilettante littéraire, Gédéon se disait, se croyait homme de lettres, écoutait la fière harmonie de son âme. Mais déjà Gédéon avait le pylore. Est-il en effet si bel argent qui ne s'en aille?

— Tu as là un bon paletot bien chaud, disait à ses amis Gédéon tâtant et palpant l'étoffe, et tu en as plusieurs?

L'ami, selon les cas et l'humeur, se laissait attendrir ou faisait la sourde oreille.

— Mon Dieu, comme tu rentres tard, s'écriait un soir, en grondant son mari, la femme d'un mo-

deste savant, modeste sa fortune, s'entend, sa
science non pas.

— Encore ce Gédéon! Du balcon du café de Paris
il m'a fait signe. J'ai monté. On y menait joyeuse
vie, je t'en réponds. Des hommes charmants. Comment refuser à Gédéon? *Evohe, Bacche !*

— Oui, ton écot était payé d'avance. Gédéon est
venu ce matin à la maison. Il avait, prétendait-il,
des besoins pressants. Je lui ai donné vingt francs.

— Bonne leçon, on ne t'y prendra plus, j'espère.

Chez Gédéon néanmoins toujours même façade,
même aplomb. Gédéon festoyait en taverne, et au
meilleur vin, qui, à reprises diverses, lui avait prêté
petites sommes, et, le cas avenant, pouvait en prêter
encore. C'est ce que Gédéon appelait prendre ses
points de repère et planter les jalons de l'avenir.
Maigre, efflanqué était le convive du corpulent amphitryon.

— Vous êtes piteux, mon cher, vous êtes piteux.
Je vous veux engraisser. Garçon, des œufs pochés
au jus! criait avec autorité Gédéon.

Malheureusement pour Gédéon Odobez, la panse
ne fait pas l'homme, et les œufs pochés au jus de
moins en moins trompaient les gens, et de plus en
plus Gédéon avait le pylore. Esprit courbaturé,

ouvrier de la pensée en grève, le temps était passé
pour Gédéon d'obéir aux vertes fantaisies de la bohème. Adieu les quatre cardinales : rire, manger,
boire, dormir. Bon gré mal gré, il fallut tourner
court. En délicatesse avec la vie, allait-il rentrer chez
lui et se défaire ? Bah ! on n'a qu'une fois à mourir,
et c'est pour si longtemps ! Décidément,

La bière est un séjour par trop mélancolique.

Pour la mort, quoi qu'en ait dit d'ailleurs un
fort bon esprit, Gédéon trouva dispense de Rome.
Le voilà zouave pontifical et héros de Mentana, ai-
dant Pio nono, autant qu'il le pourrait, de son orgueil, à faire article de foi.

Wœrth, Sedan, Napoléon III à terre et dans sa
fange, Victor-Emmanuel au Quirinal, plus de
Mentana, plus de zouaves pontificaux. Gédéon dut
guigner de l'œil autre abri et refuge. Il avait regardé
du côté de l'Abergement, où volontiers se font
bonnes besognes de sacristie, pays plein de vent et
de néant, fourni à droit et bien garni de veaux de
double pelisse, de hobereaux embéguinés, si jamais
il en fut.

Pseudo-mathématicien, pseudo-jurisconsulte,

pseudo - peintre , pseudo - académicien , pseudo-
zouave, autant de hontes que jamais saint Pierre eut
d'honneurs ! Par quel bout s'y prendre désormais,
pour s'y prendre par le bon bout? Où la chèvre est
liée, il faut qu'elle broute. Homme à qui rien ne
blesse la visière, sans marchander, Gédéon, bien ré-
solu à ne plus manger son pain à la fumée du rôt,
poussa sa pointe et fit le bon apôtre.

« Je me fais vif, » disait certain Allemand, en sau-
tant par la fenêtre. Odobez fila par la fenêtre cléricale. Avant de s'abîmer dans une conversion *in
extremis,* la plupart attendent la crise pathologique,
triste fruit de sénilité. Odobez, lui, avait le pylore.
Villéné et offusqué par les angoisses du passé, à
peine respirait-il de la vie de bohème. A sa place, qui
ne se fût attaché au meilleur râtelier? Gédéon Odobez prit l'avance sur l'âge, se couvrit du voile du re-
pentir, abrita sous le parapluie de la pénitence ses
anciennes œillades à la science et son christianisme
Pompadour.

« On a bien des grâces à rendre à son étoile,
quand on peut quitter les hommes sans être obligé
de leur faire du mal et de se déclarer leur ennemi. » La pensée est de notre excellent Charles
Nodier.

A de telles actions de grâces, Gédéon n'eut pas à songer. L'esprit· toujours en écharpe, savantas à savoir pourquoi il ne fait pas jour la nuit, Gédéon, à force de raisonner oubliant la raison, subtilise, à l'Abergement, et tranche du capable, syllogise le désordre, pèse la flamme, calcule l'erreur, toutes leçons de la plus fine étoffe, véritable moelle de doctrine universelle. Livré à la politique en plein vent, Gédéon, à tout bout de champ, prône les coups d'État, tonne haut, à faire tourner le lait en son écuelle. Matamore domestique, *intra lares et penates*, Gédéon, à ses quarts d'heure, monte sur ses grands chevaux, ne se sent rien moins que le grand sultan des Turcs, l'Amorabaquin, parle de peuples à mener à coups de bâton, et autres énormités par-dessus les maisons. Il faut que la France marche. L'Abergement aussi, on le voit, a son Baragnon. Grande douceur pour ce gros soupier de Richomme le butor !

A l'usage de l'Abergement et de la gentilhommerie embéguinée, Gédéon le premier trouva le mot de *canaillocratie*, traitant de haut en bas l'universel suffrage. Le butor l'aurait embrassé.

La phrase de Gédéon, cambrée, traînante, embarrassée, péniblement scandée, ronflait comme une toupie d'Allemagne, imperturbable en ses allures gênées, s'émaillait de merveilleux axiomes, tenait haut le bâton et rudoyait la liberté; dithyrambe empanaché, où tyrannie de toute taille, de toute robe, avait sa place marquée; dithyrambe impatient, saccadé, impétueux, brusqué de hachures finales, et, par impuissance de mieux faire, terminé en phrases à rouet.

Pends-toi, brave Broglie, on a vaincu sans toi.

Olivari, un Brésilien de haute graisse, raffiné, et talon rouge à sa sauvage façon, lors de son séjour à Paris, avait commandé des bottes, au prix convenu de vingt-cinq francs. Bottes faites, apportées, essayées. Cris orageux dans le couloir de l'hôtel, tumulte, tapage. On accourt. Olivari, bottes en main, menaçant, écumait, vert de colère.

— Qu'est-ce, monsieur Olivari?

— Un coquin, un maraud, me vendre ces bottes vingt-cinq francs!

— Était-ce prix convenu?

— Oui.

— Les bottes vous vont-elles?

— Oui, mais elles ne me vont que pour vingt-deux

8.

francs. Au Brésil, si l'on n'est content de l'ouvrage, on s'en sert pour taper sur l'ouvrier.

— Gardez-vous-en ici, monsieur Olivari, et payez vos bottes.

Le cordonnier était de taille à se défendre hardiment, et se fût défendu. Olivari paya.

Les allures d'Olivari auraient fait rêver Gédéon Odobez.

Rencontrer péroreur de telle gamme, quelle chape-chute et bonne fortune inespérée pour hobereaux à idées rétives! Le cagotisme emparticulé s'en enticha, s'en coiffa. Comment se l'attacher, le garder sous la main? Tout péroreur vit aux dépens de qui l'écoute. La réaction a déjà force charges à l'Abergement. Denier de Saint-Pierre, congréganistes soudoyés, frères de l'École chrétienne entretenus, pèlerinages achalandés, quêtes diverses, charités sophistiquées, que sais-je, moi? Quand nous serons à dix, nous ferons une croix. Et le tout à la sueur de la bourse de ces messieurs de l'Abergement. Pourquoi ne pas faire entrer Gédéon à la ville, et charger le budget municipal de lui donner la paraguante et la passade?

— Un beau venez-y voir, criait le butor du plus haut de son horrifique mufle, on met bien un veau dans une grange! — Oui, mais fait-on une grange pour un veau? Ces messieurs n'en créèrent pas moins l'emploi, et Gédéon Odobez fut chef de fanfare et maître de chapelle à l'Abergement. Occasion à prendre vite aux cheveux, mon cher Gédéon.

Fantaisiste en disponibilité, voilà notre Gédéon bel et bien enfermé, pieds et poings liés, aux cautelles et renarderies de sacristie, aux cachots cellulaires de la convention et de la gentilhommerie embéguinée, aventureux don Quichotte jadis, aujourd'hui modeste Sancho Pança à l'Abergement.

Aussi quel contraste avec les misères de la vie de bohème! Se remplumer, frais et gaillard, avoir coutures qui gardent leur sérieux, souliers bons et chaussants aux pieds, cache-nez emmitouflant au cou, au corps chaud paletot où s'engoncer et se sentir confortable, être sûr de ne pas mourir sur la paille, sont-ce là bagatelles, à votre avis? Un beau jeton, vraiment, qu'on mit là au creux de la main de Gédéon!

En pied désormais dans le monde clérical et dévot, Gédéon, grossi comme pâte en mets, tranche du nécessaire et de l'indispensable, prend des airs, regarde creux les gens, essaye des sourires à faire entendre autre chose que ce que disent ses paroles.

Gédéon Odobez est maintenant personnage dont on doit faire état. Cuivre, hautbois, pas un vent ne se lâche à l'Abergement sans le congé de Gédéon Odobez. Pas de fête complète, communale, religieuse, nationale, sans la fanfare. Gédéon Odobez, chef de fanfare, est une autorité à l'Abergement-sur-Rioni, une influence à la paroisse.

Heureuse ville, heureux maire, d'avoir Gédéon et sa fanfare! Oui, croyez ça et buvez de l'eau. La ville paye, le maire mandate. La sacristie profite, et Claude Bazu jubile. Solennités municipales, purement civiles, purement nationales, distribution de prix aux écoles laïques et au collége, de l'algèbre et du haut allemand pour Gédéon Odobez, qui n'y veut entendre.

La ville a soldé les instruments. S'agit-il de fêtes municipales et laïques, il manque toujours un liard pour faire un sou, un cor, un cornet, un fifre ou une clarinette. Faut-il donner une leçon de solfége au collége et aux écoles laïques, Gédéon, au service toujours rechignant, est enrhumé. Municipalité, république, même farine, dit Gédéon, vaches à lait des fortes têtes et des habiles.

Aura-t-on la fanfare aux dévotes exhibitions et démonstrations? N'aura-t-on pas la fanfare? Aura-

t-on les pompiers? N'aura-t-on pas les pompiers à
la·procession? Les pompiers iront-ils à la procession
et à la messe? N'iront-ils qu'à la procession et fe-
ront-ils demi-tour à la porte de l'église? Vous riez.
Graves questions à l'Abergement-sur-Rioni. Les
pompiers ni à la procession, ni à la messe, Claude
Bazu est repic et capot. Les pompiers à la procession seule, froid comme four ruiné, ·Bazu, le curé
de l'Abergement, se pince les lèvres, se tient sur la
réserve avec le capitaine. Les pompiers à la procession et à la messe, Bazu est tout sucre, tout miel,
en extase de douceur, se confond en protestations.
Il embrasserait le capitaine. Baiser Lamourette,
tenez-le pour assuré.

Quant à la fanfare de Gédéon Odobez, le maire ne
l'a jamais, le curé toujours. En avant les cuivres
pin in in, pin pin, pin, tous les vieux airs de la Révolution et des champs de bataille, même ceux de
la Fronde, devant le dais processionnel :

> Si vous conduisez ma brouette,
> Ne versez pas, beau postillon,
> Ton, ton, tontaine, ton, ton.

Les hommes ont rarement le cœur d'être tout à
fait méchants, ni tout à fait bons, si l'on en croit

Machiavel. Point de méchancetés longuement pourpensées en Gédéon, pas plus que de joies enfantines
de l'âme, point de noirceurs de sacristie. Gédéon
suit la paroisse et ces messieurs de l'Abergement,
se tourne du côté où l'on mange. Le véritable amphitryon n'est-il pas l'amphitryon où l'on dîne ?

« Il faut qu'un grand danseur soit vertueux, » a
dit Vestris. Gédéon est vertueux, léchonne les
friponneries du dévot et béat langage, a scapulaire
au sein, chapelet en poche, croix rouge de pèlerin
au tetin gauche, pèlerine et appelle Henri V. Noblesse oblige, pense fièrement Gédéon, et noblesse
vient du cœur, comme l'or des mines.

Et dire que Gédéon a été quelque peu cousin de
Voltaire et de Rousseau !

Que voulez-vous ? Ah ! le pylore !

M. YVES BACULARD

―――――

Et rose elle fleurit par un brouillard laiteux,
Comme il s'en voit parfois sous le soleil douteux
Du matin sur les monts. — A l'ombre de l'épine,
Tige frêle, à tâtons, de sa tête mutine,
A travers le hallier, elle allait au grand jour,
Tant bien que mal, rêvant de lumière et d'amour.
Meurtrie et déchirée, elle y perdit pétales,
Et corolle et parfum, jusqu'à ses rêves pâles
De fleur énamourée. A peine reste-t-il
Une goutte de lait sur un dernier pistil !

(*Arthur, chants de la* 20ᵉ *année.*)

Cette dernière goutte de lait de la Marinette, ainsi s'appelait, au quartier Latin, la rose mystérieuse du hallier, Yves l'avait cueillie, un soir, à la Chaumière, en avait fait, pendant vingt ans, la moelle et la substance de son ménage interlope, avant de présenter la grisette à la mairie du VIᵉ arrondissement, de l'inaugurer madame Baculard, et de la préposer au gouvernement du pot-au-feu dans

l'institution Baculard, si connue à Paris et jusque
dans les départements. En cette solennelle occasion, Baculard avait négligé de passer dans aucune
église. A l'époque, Baculard était un libre penseur
à tout crin, sans plus de tendresse pour l'autre
monde et les joies d'outre-tombe, surtout sans ce
grand luxe de ses dévotes croyances actuelles,
homme à renoncer, sans marchander, à sa stalle
de paradis. On citait de lui des propos décisifs, pé-
remptoires, emportés quelquefois, excessifs, farou-
ches. « Mille ans de durée ou d'usurpation ne font
pas un an de droit, » disait-il en parlant de la monarchie séculaire. « Du bois de Vincennes, assurait-
il, il eût voulu faire une hécatombe de fagots, des
fagots un colossal bûcher, du bûcher gigantesque
auto-da-fé de quiconque avait alors, en France,
calotte, soutane, double linge, chemise et surplis. »
C'était, on le voit bien, pour Baculard l'âge des convictions escarpées et chevelues.

Aujourd'hui, c'en est fait de la jeunesse inconsi-
dérée, de toute cette âpre impétuosité anticléricale.
Baculard sait ce qu'en vaut l'aune. Il a changé de
batterie. Baculard a monts et merveilles de re-
pentance au cœur, scapulaire au sein, au cou de
médailles autant que Ponce Pilate en son vivant.

« Plus de fariboles, » crie-t-il du plus haut de sa
tête. Baculard chante à la messe et aux vêpres.
Baculard se confesse, communie. Baculard hante
pèlerinages et gaignages. Aux côtés de la bannière,
glorieux comme baudet sous un bât tout neuf,
Baculard tient le gland de filigrane doré aux processions, se prépare au combat de la mort, à l'Abergement, croit à Marie Alacoque, à l'abbé Regnet
et à Henri V. « Ainsi passent, un beau jour, la fleur
et la verdure de la vie mortelle. C'est en vain que
le mois du printemps revient à son tour, elle ne
reprend jamais la verdure ni ses fleurs, » a écrit le
Tasse.

La mauvaise fortune enseigne à prier, prétend-
on. Était-ce le cas de Baculard, par la male chance
réduit à faire de nécessité vertu? Nullement. Jamais
plus que lui homme ne sembla né sous une peau de
bonheur.

Pénibles et rocailleux, sans doute, les débuts de
sa vie; mais le milieu, mais la fin! Ah! Baculard
n'est pas le premier venu, n'allez pas le croire. Yves
Baculard n'est pas le premier venu, tête un peu
chaude, à vous le trancher net, mais corps meublé
d'une âme non commune, armé de flambante et
sourcilleuse volonté. Non, Yves Baculard n'est pas

de premier venu. Il vous le dira lui-même, à gogo
vous le répétera, si peu que vous soyez bon prince
et d'oreille indulgente à ses épanchements vaniteux.
Yves Baculard, en effet, de ce qu'il est ne doit
rien qu'à lui-même. Légitime enfant de démocratie,
Yves Baculard est fils de ses œuvres, artisan de sa
propre fortune, *fictor fortunæ suæ*, digne d'avoir
bruit et los entre les mieux et plus renommés des
animaux ravissants et rapaces.

Point baladin théâtral d'aisance et richesse, Baculard, à viser à la grandezza, comme notre Gédéon
Odobez, cet hidalgo de maigre pitance, à jouer à
l'opulence et faire le riche. A quarante ans, Yves
Baculard n'avait pas un sou vaillant, pour toute fortune sa Marinette, pour seul horizon maintes sortes
de faux bonds à faire dans la vie. A soixante ans,
Baculard est à la tête de deux millions. Deux millions se trouvent-ils dans le pas d'un cheval, dites-
moi?

Vrai trait de génie, par belle malice, Baculard,
un jour, excellemment inventa le mois lunaire.
Pour régler le travail de ses aides et professeurs, le
calendrier grégorien, l'année solaire, l'année commune, trente, trente et un jours au mois. Venu
l'émargement, le quart d'heure de Rabelais, tant

d'heures par jour, tant de jours par semaine, quatre
semaines au mois, vingt-huit jours, le mois lunaire des plus vieux temps. Quatre semaines,
chiffre rond, grande simplification de comptabilité
et de caisse, insinuait Baculard, alléchant son
monde. Plat de son métier, murmurait qui rongeait
son frein et n'en riait que du bout des dents.

Une première volte-face préalable avait précédé
et préparé l'éclosion de cette merveilleuse réforme
à l'institution Baculard, l'établissement en ce genre
qui rendait à Paris le plus d'écus neufs. Heures de
présence au cours, notes d'élèves, préparations de
devoirs, corrections de copies quotidiennes et compositions hebdomadaires, en bloc tant l'année, tant
le mois. Ainsi agissait-on dans l'Université, et, d'a-
près elle, dans les établissements libres, avant Baculard. Vieille routine. A peine Baculard, sauvé de
la corde, se sentit-il du foin dans ses bottes, tout
prit à cet endroit une face nouvelle dans la boîte à
bacheliers Baculard. L'enseignement ne dut s'y régler qu'à la séance et aux heures de présence.
Différence insignifiante de prime abord. Nul n'y prit
garde, ne fit du mauvais cheval et ne se cabra. Vin-
rent les notes ordinaires, les notes mensuelles, tout
le fatras des classes, puis les compositions, puis

les corrections journalières de copies, quatre-vingts, cent épreuves d'écloppés littéraires, écœurement et lourde fatigue, tout ce travail pour le roi de Prusse. Quelques-uns durent filer doux, bouche close. Baculard les eût brisés comme verre. De cette artifi- ·cieuse traînée plus d'un s'aperçut et rompit en visière, trouvant la chose plus forte que jeu. Étonnez-vous après cela que, depuis le cèdre jusqu'à l'hysope, tout, autour de lui, se soit à la longue animé contre Baculard.

N'allez pas néanmoins prendre Baculard pour marchand de soupe. Baculard marchand de soupe ! Allons donc ! A qui en avez-vous ? Ne vous avisez de le prétendre, de le penser et de le laisser voir. Grand rabroueur de gens, Baculard vous saboulera la tête, de belle façon vous rembarrera, d'indignation et de courroux fulminera, criera comme quatre et vous enverra de Gemini en Capricorne. Une telle injure à Baculard ! Plaisantez-vous ? Quelle mouche vous pique et sur quelle herbe avez-vous marché ? Vous allez voir beau jeu. Le voilà d'abord aux bourrasques et invectives. De çà, de là, vous en aurez.

Phthisique et grincheux est né Baculard, avec des colères hystériques, la figure en pourpris, sillonnée de livides reflets, pleine d'enfonçures, bossages et

refends. C'est, semble-il, presque tous les jours
tempête en son âme. Ah! quand Baculard met son
bonnet de travers, vous verrez de quel bois il se
chauffe, si Baculard est homme à se moucher du
pied. Colères terribles comme le flot peut-être,
arides comme le désert? Point. Impétuosité savante,
songe Baculard riant en ses babines plissées par
l'égoïsme. *O altitudo!* ô candeur dans la force! ô art
de traire les hommes, de tendre ses gluaux!

Nulle étourderie en Baculard, nulle involontaire
erreur; méchancetés longuement pourpensées, au
contraire, et immoralité réfléchie. Remuée ainsi
qu'un drame de Shakspeare, sa pensée, comme fureur taciturne, la couve Baculard, charlatan d'allure,
timide de nature au fond, prêt à hausser la gamme
si vous la baissez, et, si vous l'élevez, à la baisser,
la voix demeurée au gosier. Les enfants courent
après un masque, s'enfuient, s'il se retourne.

Esprit chaussé tout à rebours, dites-moi? Le sup-
posez-vous donc si cruellement sujet à l'argent,
aux fruits mignons du Mammon d'iniquité, rongé
de l'acarus du gain? Baculard, ici-bas, ne vous y
trompez point, remplit une mission, homme de libérale et généreuse nature, de toutes bonnes vertus
largement doué, et coulé en argent pur. Plus de

routine. Plus aux âmes jeunes et tendres de longue
et lente infusion des honnêtes, des antiques disciplines et doctrines. Baculard fait concurrence à
l'Université. Un peu, disait quelqu'un, toujours la
riposte à la main, comme la sentine à la cuisine.
Propos de routinier humilié et jaloux, à coup sûr.
Du bourgeois intellect Baculard ne laisse perdre
grain, ramasse le stoc de l'Université, scories et
fruits secs. Badigeonnés, vernis, ruoltzés par les
voies rapides, Baculard les envoie aux situations à
diplômes. *Magnum exegi monumentum*, clame Baculard entiché, la main tendue vers sa grouillante
boîte à bacheliers. User de son droit, est-ce un
crime, après tout? Quand monsieur l'argent vient
loger chez Baculard, lui va-t-il donc fermer la porte
au nez?

Summum jus, summa injuria, enseigne le jurisconsulte romain. Bon droit a besoin d'aide. Beaux
et ronflants axiomes, dont Baculard avait souci, je
vous jure. Baculard n'a pas toujours, comme aujourd'hui à ses dévots pèlerinages et béates proster-
nations, eu un faux air de bonbon tombé dans la
boue, machine profondément troublée par les ca-
ries, clous, fluxions et autres humaines misères,
corps surhabillé sans arriver à remplir ses vête-

ments. Si longtemps rongé de tintoins, il en a séché
sur pied, c'est manifeste, en est venu à marcher, la
paupière clignotante de tristes appétences, les bras
effilochés en leur longueur et ramenés aux poings
en paturons de basset, les peaux flasques, pen-
dantes en loques, la joue évidée, la jambe grêle et
tremblante, les pieds en as de trèfle. On le sait bien.

Au temps de la Marinette en sa fleur, dindonnette
des plus poupines et reine des pois pilés au quartier Latin, follement accorte, de fort belle et riche
taille relevée de gentillesse, Baculard était assez
bien tourné et de bon air, mangeait gaiement de
la vache enragée, le regard franc et ouvert, garçon
de liesse à revenir à quiconque, républicain à qui le
cœur tapait à tout chaleureux élan, à toute pensée
de liberté, de justice et d'égalité. Aussi y avait-il
alors plaisir à être de ses amis.

Recherché de ses pairs et de ses voisins, Baculard
s'en trouva bien. Sa boîte à bacheliers une fois
achetée chat en poche : « Aidez-moi, disait Baculard autour de lui, à l'Université nous taillerons des
croupières. » Chacun s'y mit, au rabais travailla,
poussa de l'épaule à la roue. Ébranlée sous l'effort,
la machine roula. Achalandée, la maison se peupla.

Entré dans la vie par toutes les portes spécieuses

·et paradoxales, après avoir longtemps cherché midi
à quatorze heures et tourné autour du pot, Baculard s'était rejeté vers le sens commun et la fortune.
De sublime don Quichotte le voilà humble Sancho
Pança, la sagesse des nations plein la bouche.

Baculard l'avait échappé belle, se sentait sorti
hors du bois. « Une fameuse épine du pied que vous
m'avez tirée là! » disait-il à ses aides et professeurs.
Seulement le travail au rabais de moitié subi par
intérêt, par sympathie pour lui, il l'oublia le plus
·qu'il put, longtemps l'accepta sans nécessité aucune.
Il fallut le lui rappeler. Bien vite son âme s'était
mise à ramper loin de l'équité et de la justice. *Opti-
mum philosophari, melius vivere*, pensait-il. Que voulez-vous? Déjà l'acarus du gain!

Le philosophe Hemsterhuis très-bien a dit, en son
hollandais langage : « L'homme une fois remis à
terre, l'esprit de géométrie (lisez le sens pratique)
l'emporte toujours sur l'esprit merveilleux (lisez
l'idéal). »

Comme l'Université, Baculard n'en était encore
qu'à reconduire, à force de révérences, le Syllabus
hors du cercle de l'esprit humain. Laissez-le aller,
on lui verra bientôt chapelle particulière, aumônier
externe et livre d'heures en main, bon clérical à

faire de dévotion métier et marchandise, par le chemin du ciel courant à la fortune. « Que le ciel serve
à la terre, quoi de plus naturel? Ah! s'il ne tient
qu'à battre, la vache est à nous, disait Sganarelle-
Baculard aux confidents de sa fortune. Avoir l'air
de pousser sa prière, bon effet sur les parents et la
clientèle. » L'acarus du gain, vous dis-je !

Baculard eut maison de campagne, cabriolet et
cheval d'occasion d'abord, puis, l'eau toujours ve-
nant au moulin, attelage et berlingot capitonné
pour la Marinette et sa smala de parentaille. Ah!
l'acarus du gain! Baculard imagina le payement à
l'heure et à la séance.

« Qu'un triangle soit vert ou rouge, qu'importe au
mathématicien? Qu'il y ait un dieu au bout d'une
philosophie, qu'importe au philosophe? » a enseigné
Gotlieb Fichte. Baculard ajoutait : Qu'il y ait conscience et justice au bout d'une fortune faite, qu'importe au financier au-dessus de ses affaires?

Baculard songea au mois lunaire. Déjà il avait
plus d'écus qu'un vieux chien n'a de puces. L'édilité
parisienne venait de le constituer millionnaire. Pour
ses alignements et percements de rues, elle avait
acheté, au prix de huit cent mille francs, masures
et terrains de faubourg, payés, quelques années

auparavant, deux cent mille francs par Baculard,
autour de son opulente boîte à bacheliers. Toute
cette fortune portait à la tête de Baculard. Il aurait tondu sur un œuf. C'était pente bien naturelle.
La justice naît de la force, disait Baculard toujours jouant serré.

· Parbleu, naïfs que vous êtes, Baculard était-il là
pour sa laine? Suer nuit et jour après le succès,
pratiquer les gens, mentir à tous venants, faire l'âne
pour avoir du son, fureter, le nez fourré partout,
toujours la fourche et l'épée aux reins de qui l'on
paye, se tapir en son cabinet de directeur, comme
en un donjon; être en aguet dans les couloirs et
ruelles, ainsi que l'archange à l'huis du paradis ter-
rien; jouer le dorme-veille, incidenter, aboyer aux
maîtres d'études et hourets galeux, pour emprunter
à Baculard son désobligeant langage; mettre l'a-
larme au camp, *leo quærens quem devoret;* compter,
supputer, approvisionner, payer, veiller aux ren-
trées, faire la fourniture et tondre la bête sans la
faire crier, distribuer, rogner, couper des chandelles
en quatre : est-ce donc là si petit labeur, à votre
avis, et lit de roses? Une fois à califourchon sur un
capital ainsi gagné, n'a-t-on le droit de se mettre
vis-à-vis de soi-même sur son respect et sa défé-

rence, d'abonder dans son sens et de n'en vouloir démordre, de ne plus voir en ce monde que soi, son
droit et sa fortune, de tenir haute la bride à qui
travaille, d'imposer à tous ses vues et ses exigences,
jusqu'au bout de pousser sa pointe et d'épuiser sa
chance ?

A grand'force de ruse et de persévérance tout
cousu de pistoles, Baculard, pourtant, n'était pas
homme tout d'une pièce qui ne sût, à ses quarts
d'heure, dorer la pilule aux gens et dépister la
malveillance. *Incedo per ignes*, murmurait-il de temps
à autre. Plus d'un; à qui il avait tenu le poignard
sur la gorge et ôté le pain de la bouche, a reçu, en
ses jours de détresse, qui cinquante, qui cent francs
de la poche de Baculard. Généreux par accès, in-
juste et écrasant par habitude, Baculard n'y perdait
pas, et le savait bien. « Juste avant d'être généreux, voilà ce qu'il me faut, lui disait un jour quelqu'un, qui n'avait ni son cœur en sa chausse ni sa
langue en sa poche. N'a-t-on pas des chemises
avant d'avoir de la dentelle ? » Qu'importaient à
Baculard tels propos ? Étaient-ce là taches à gâter
la sérénité de son ciel ? Baculard ne s'en sentait pas
moins roi et potentat en sa maison.

Il n'est sans affection des gens couronne qui ne

pèse, a écrit le bonhomme. Baculard avait les ap-
plaudissements, les louanges monnayées de sa ca-
marilla et galerie domestique.

Maître Gabelin, son inspecteur, un niais de gran-
deur naturelle, Gascon aux sourcils ramenés et aux
regards couverts, à la voix de Stentor, battait des
mains aux cupides incartades de Baculard, pieusement ouvrait son sein aux épanchements de son pa-
tron, naïvement s'enorgueillissait de l'attelage, du
berlingot capitonné, et dix fois par jour à la clientèle répétait en son méridional langage : « *Mousu*
Baculard, dans l'*intrêt dsélèves...* » Avoir à sa solde
tels dévouements rajustait bien des choses pour Baculard.

La doublure de maître Gabelin, le terrible *sargent*
Paquot, ainsi que disait la gent écolière, homme
rude et maltraitable, Savoyard large, ramu, excé-
dant en vigueur et taillé en forces, rugueux, velu
comme bête infidèle, avec membres aux coudes bizarres, aurait baisé les pas où avait passé Baculard.
Bedaine étoffée en sa vaste redingote noir bleuté et
fariné de coton, nez busqué infini, hors de pair en
longueur, par les cours, les salles, les couloirs, il
passait ainsi que Typhon de l'océan Indien, dédaigneux, hautain, rébarbatif, provocateur, cassant,

péremptoire, hurlant à tue-tête, prompt à serrer le
bouton. Paraissait Baculard, Paquot s'éteignait,
s'affalait, le plus possible effaçait sa bedaine : « D'ailleurs, c'est monsieur le directeur qui tient la queue
de la poêle, » s'empressait de naziller Paquot, le ton
radouci et faisant le gros dos.

Comme ces choses-là vous racoutrent le moral
d'un homme et endorment la conscience ! Point
donc si racorni de cœur qu'on le voudrait faire entendre, notre Baculard, point si délaissé des gens,
vous le voyez bien ; aimé dans son domestique, au
contraire.

Que si, profane vulgaire, vous examiniez de trop
près sa vie besoigneuse, son aveugle course au clocher après la fortune, Baculard, minutant honnête
retraite, pour se couvrir avait ses travaux littéraires.
Littéraire, si l'on veut, son histoire du moyen âge,
deux volumes mâchés, mastiqués, élucubrés avec
des originaux de troisième main. Burin et style la-
pidaire peut-être ? Non pas : pain bis, où nul jamais
ne s'aventura, ne mit la dent.

Pourtant, une fois à la remorque de son second
million, Baculard, déjà inquiet et troublé, sans
doute, se prit à regarder au gendarme. Ce bloc humain, étouffé, serré, immobile et cataleptisé, dans

son harnais, ce madrier de chair sanglé dans un
baudrier, attaché à un grand sabre, le pied lourd et
traînant sur le pavé en une botte exagérée et épe-
ronnée, la tête surchargée, de difficile équilibre
sous sa massive frégate galonnée, ah ! pour Baculard l'emblème, le parangon de l'ordre social, ce
produit quintessencié de l'obéissance passive et de
la discipline militaire.

Braves gens ! disait Baculard à peu près rassuré.
Braves ! j'aime mieux en croire qui les a vus inertes,
inutiles, encombrants, pusillanimes, la nuit, pendant
la dernière campagne ; toujours en tremble et aux
alertes, gagner au pied devant les Prussiens, mettre
l'alarme au camp, effarés, tumultueux, jeter dans la
panique et le désarroi toutes choses sur leur passage :
bourgeois, campagnards et troupes en cantonne-
ments.

Où qu'il allât, Sully, le grand Sully, ne marchait
jamais, raconte-t-on, sans ses huit piquiers armés
en guerre derrière lui. Baculard, aujourd'hui, sans
épaules non plus qu'un lièvre, court-jointé, l'encolure affalée de débilité, volontiers s'en irait, par les
rues de l'Abergement-sur-Rioni, entre deux gendarmes spécialement chargés des terreurs de ce
fortuné financier.

Napoléon III, le policier impérial, était le père de
la gendarmerie. C'est chose bien connue. En avant,,
la cassette particulière et les virements ! La solde des
gendarmes était clandestinement doublée. Baculard
s'était senti pousser un faible pour Napoléon III, et
ne demandait que marchand. Que Duruy ait eu le
nez de décorer Baculard, c'était conversion faite.
Mais décorer une boîte à bacheliers ! Plus amoureux
de popularité que Duruy eût reculé.

Vint la Commune. Affolé de terreur, Baculard,
par-dessus la tête des d'Orléans, à pieds joints, sauta
dans la monarchie séculaire et les enfantillages de
sacristie. Réfugié à l'Abergement-sur-Rioni, il y est
chef d'institution honoraire. Chef d'institution honoraire ! A l'Abergement, l'honoraire est bien porté.
Il y a des pompiers honoraires, à l'Abergement. Chef
d'institution honoraire ! A quand les échappés de galère honoraires ?

Baculard donne au denier de Saint-Pierre, est du
bureau de charité avec ces messieurs de l'Abergement. La Marinette est du rosaire des femmes. Ces
messieurs ont chacun, clientèle de matadors, vingt
pauvres qui les attendent au sortir de la messe. Dix
sous par dimanche, un sou pour deux, c'est l'ordinaire. Baculard généreusement donne un sou par

barbe, rançon de sa grosse fortune et de ses petites
iniquités.

Si riche et pas d'enfant, si étroit et si ombrageux,
cela se comprend-il ? Toujours l'acarus du gain !

Ne parlez pas à Baculard de mourir. Baculard
veut vivre, se prolonger, et vivre millionnaire.

Baculard se défie de tout. Les hommes, les enfants,
les femmes, les éléments, le froid, le chaud, la bise,
le vent, le ciel, la terre, l'humidité et le moite élément, tout le menace. Il se défie des riches, des pauvres, des médecins surtout. Ah! si Baculard pouvait
voler la mort ! Baculard a sa médecine à lui. Légèrement indisposé, il prend le premier numéro ; gra-
vement indisposé, le second ; malade, le troisième.
Premier numéro de Baculard, première urine après
son repas ; second numéro, seconde urine après son
repas ; troisième numéro, troisième urine après son
repas. Va-t-on assez vite et assez loin dans la décré-
pitude morale et la décadence ! Ah! l'acarus du
gain !

Le scapulaire et Henri V, le gendarme, les trois
numéros, triangle magique devant lequel Baculard
vit en extase. Épave morale, par droit de bris, récla-
mée par la sacristie, où va Baculard ?

Qu'en attend-il ? Qu'espère-t-il ? Où pense-t-il en

venir? Et, de par le diable, qui sera le ménétrier à
ses dernières noces?

Écoutez la vieille légende de saint Guilin, qui
vient à mon propos et ne vous tiendra guère :

> Quand fut le tour de saint Guilin,
> Il jeta trois dés sur la table ;
> Ensuite il regarda le diable,
> Et lui dit d'un air très-malin :
> Jouons donc cette vieille femme ;
> Qui de nous deux aura son âme?

LES DAMES VAUQUIER

Orientis partibus adventavit asinus pul-
cher, formosissimus.

« Du pays de l'Orient il est venu, l'âne, bel
« âne, âne des plus jolis. »

Rougeur et flamboiement au nord, ombre à
l'orient, fumée au couchant, c'est la table de la
maison Vauquier, à l'Abergement-sur-Rioni, à
onze heures, heure solennelle de l'agape bourgeoise,
de la réfection en commun ; au centre, en face de
la vaste glace à trumeau, la mère, madame Madeleine Vauquier, née Génebrard, coquette, lardée de
rubans aux tons criards, en sa soixante-quinzième
année vive encore, des plus bijoutières ; à gauche,
la bru, Thécla Vauquier, née Élimi, myope et louche, point du jour en la morne saison ; à droite
enfin, le fils sexagénaire, Melchior Vauquier, mé-
prise de la nature, âme brumeuse et nocturne,
cerveau sans clarté, monticule ébauché, arbre sans

séve, grand homme sans l'âme et la lumière, resté
à mi-chemin de tout, près de la chose et de la bête
de somme. Tous trois sont des classes dirigeantes à
l'Abergement-sur-Rioni, de l'escadron du comte de
Mun, ce dragon missionnaire. Des trois, la plus
jeune, c'est la vieille, royauté déchue, sans doute,
mais royauté toujours.

Elle, du moins, rêve-t-elle, songe lointain du
passé, répétition infatigable, insatiable, quoti-
dienne, devant sa glace, redite ingénue et naïve
de sa triomphante jeunesse. Triomphants, en effet,
éblouissants ont été les matins de Madeleine.
Comme jadis les boucles folles de sa blonde chevelure, tiges animées, vivant feuillage alors, amou-
reusement aujourd'hui elle promène les touffes
jumelles de son double gazon, soyeux chapiteau,
d'art infini et subtil, à couronner les nobles pro-
portions de son front aussi net, aussi poli qu'en la
saison printanière. Ni ride, chose surprenante,
ni patte d'oie en madame Vauquier. Le petit œil
gris, humide, a encore des lueurs sous ce sourcil
passé, mais correct en son capricieux dessin. La
joue s'empourpre, la lèvre se feutre de mousse
cotonneuse, le menton rougit au rose-cerise. Mais
le nez est fin, et la bouche, suffisamment garnie de

ses dents, ne donne de formel démenti à aucune des féminines minauderies.

Sol inquiet, vibrant, vers les premiers temps de la Restauration, sol tremblant, un volcan, une solfatare, que ce sein, maintenant imposant maître-autel endormi sous sa nappe, blanche serviette à l'un et l'autre pôle attachée par une épingle.

De droite à gauche, de gauche à droite, madame Vauquier, l'œil sur la glace, le balance, ce sein, nacelle sous sa voile latine bercée de la mer et du flot. Le gazon ondule, la tête dandine, la phrase dodeline de cuirs en velours, en liaisons à surprises pleines de fantaisie et d'imprévu, en solécismes de terroir, en barbarismes, en idiotismes imperturbables, inconscients.

Point de choix aux incidents, aux développements, en cette confabulation décousue, d'infini radotage. Catarrhes de famille, maladies des proches, amours et mariages des voisins, aventures et romans d'un autre âge, tout est bon qui est texte à jeux de physionomie, tout a place en la confuse mêlée, tout prend rang au hasard du souvenir, vendanges, fenaisons, moissons, jusqu'au *bachicalat* de Melchior Vauquier. Madame Vauquier jamais n'a pu arriver à baccalauréat. Écoute-t-on, suit-on autour d'elle? Point de soucis de ce calibre en madame Vauquier. Pour elle, la parole est d'argent; le geste, la pantomime, d'or.

De ce parlage madame Thécla Vauquier ne s'inquiète. Elle y est de longue main faite. Tapie dans sa myope attitude, elle épie l'occasion d'ouvrir sa propre parenthèse. Thécla a sa pensée, à elle, sa perfidie clandestine, sous-cutanée. Point de grâce spontanée, en effet, de soudaineté, en madame Thécla Vauquier. Son quart d'heure venu, elle part comme une flèche. Récitation édulcorée, mellifue, laissez-la aller, belles disées, beaux dictons, la griffe est là-dessous. Entre deux phrases prétentieuses, alambiquées, elle lâche son petit venin, passe outre sans sourciller, se lève, glisse, frôle, heureuse et le cœur léger. Venimeuse mouche à miel, elle a fait sa petite blessure, laissé le dard dans la chair. C'est là tout l'esprit de Thécla Vauquier.

Plus grave, plus innocent, Melchior Vauquier : air sérieux d'un gendarme, air froid d'une vierge.

> Penché sur le tombeau plein de l'ombre mortelle,
> Il est comme un cheval attendant qu'on dételle.

Le repas achevé, Melchior retourne à ses tulipes.

Melchior est à la recherche de la tulipe bleue; honnête garçon, au fond, bon à cracher aux cendres, à se chauffer les pieds aux chenets.

On rit, on tombe, on fuit, tant la vie est un songe!

Nullement coquette à dix-huit ans, Madeleine Génebrard, belle blonde à faire pâlir les toiles de Rubens. Reine dans l'amour et la beauté, superbe, toute chaude et cuite à point, Madeleine attendait qui se devait asseoir au somptueux festin.

Vint Aimery Vauquier : nez proéminent, bec retors, rostre en promontoire, fuyant menton, robuste encolure, carrure solide, complexion indomptablement priapique et tout-puissant mâle. Portez-le moins haut, Madeleine, voilà votre vainqueur. L'attente est finie.

Baisers donnés, baisers rendus, nuits pleines, journées sans bâillements, sans pesanteur, la lune de miel un an dura. Pourquoi Aimery de Madeleine se désintéressa-t-il? Comment l'un de l'autre se déshabituèrent Madeleine et Aimery? Grand *tu autem!* Aimery était tabellion et argentier à l'Abergement-sur-Rioni. Assez haut parlaient le devoir et le métier.

Milieu tiède dès lors, atone, ennui, écœurement.
Madeleine, au rebours du chien de l'Écriture, à
son vomissement plus ne revint jamais. Madeleine
courut aux églises. Au conjugal déboire telle res-
source est commune dans la bonne ville de l'Aber---
gement-sur-Rioni. Madeleine trouva là prédicateur
à souhait, le révérend père Pacolet, béate pléni-
tude sans rien de lourd, et, chose d'importance,
docteur confit au serpolet, pour parler avec Béroalde de Verville. Au sermon Madeleine s'entendait
comme guenon à faire des fagots, et rossignol à
crier de la moutarde. N'importe! l'homme était
beau.

Chaque jour se rendait Madeleine à l'Ermitage,
maison de la côte où gîtait poignée de jésuites,
où Pacolet disait la messe, parmi les sauvages
parfums, sévères douceurs de la montagne et sen-
teurs de vivifiante amertume. Avec elle, aubes,
chasubles, étoles, copieux ornements d'église, à la
montagne sainte affluaient.

« Au nom de Dieu, donnez aux quêtes qui se
font pour l'église; aimez à contribuer, selon votre
pouvoir, à l'ornement des autels, à la solennité
des offices divins. Le saint roi David se consolait à
la pensée qu'il avait pris plaisir à décorer la mai-

son du Seigneur, » écrivait alors, dans un petit livret qui avait couru les églises et les bancs d'œuvre, l'abbé Culas, premier vicaire de l'Abergement-sur-Rioni.

Qui en valut pis et avec le saint roi David ne se sut consoler? Notre tabellion et argentier Aimery Vauquier, tout à ses affaires, dont le ménage de si court par Madeleine était tenu, que le mari chaque jour en bramait la faim. Aimery se plaignit, lamenta, replaignit. Autant en emporta le vent. Disette et famine habitaient sa maison. Aimery guetta, longtemps épia, eut l'œil dessus.

Un jour, hasard fortuné ou mal fortuné, Aimery mit la main au fond du pot aux roses et sut par où s'en allait le bien-être de sa maison. Sur un guéridon, en la chambre de Madeleine, il vit un écrin magnifique, écrin de grand volume, de belle venue. Écrin ouvert, c'était calice en vermeil avec billet dessus : « Quand vous vous en servirez, pensez à moi. » Oh! oh! dit le tabellion, voilà bien pour donner le branle à notre réputation et amplifier notre gloire. — Pourtant, se tourmenter comme âne trop sanglé, à quoi bon? Aimery, mieux avisé, prit la chose en douceur.

Auroræ fecerunt mentes conscias, l'aurore fait

l'âme lucide en elle-même, a-t-on dit. A l'aube, le lendemain, sous la chanson des branches, robe bleu de ciel, nuée de blanc, Madeleine, en bon point, fort réparée du minois et tetin bien troussé, s'était acheminée à l'Ermitage. Quand on apporta l'écrin, curieusement Pacolet l'ouvrit. Point de calice. Un clysopompe, œuvre proprette et gentille. Le billet était dessus : « Quand vous vous en servirez, pensez à moi. »

Confuse, mais toujours fière et superbe, Madeleine ne sonna mot, se retira, ne revint plus, femme désormais à effleurer le bord des abîmes sans y tomber. Aimery but-il l'affront jusqu'à la lie ? Aimery s'en tira-t-il, les braies et grègues nettes ? Là n'est pas l'affaire. A sa bonne étoile du moins dut-il qu'au corsage de sa Madeleine nul plus jamais ne se vint piquer les doigts.

Merveilleuse illusion de l'oubli qui fait aller le monde, Aimery et Madeleine n'en eurent pas moins vie paisible, heures ennuyées, comme chacun en la bourgeoisie de l'Abergement-sur-Rioni.

L'aigle ne pond qu'un œuf, mais c'est un œuf d'aigle. Est-ce un aigle, Melchior Vauquier ? Madeleine de fils n'eut que Melchior.

Qui vit ? qui meurt ? on ne le sait. Sur la route

de la tombe, Aimery avait devancé Madeleine,
réclamé pour la terrible fête de la mort. Va, mon
doux faon de biche, repose en paix. *In urna ver*
perpetuum. En son unique fils s'enferma Madeleine.
Chutes, rechutes, échecs et camouflets, aux pre-
mières épreuves de la vie se brisa Melchior, qui
jamais ne se put voir bachelier. Engagé volontaire,
Melchior prit les armes, bien homme à vautour par-
tir et poule revenir. Au bout de sept ans, Melchior
s'en mordit les ongles, au bercail rentra, rouge
ruban à la boutonnière. Légion d'honneur peut-
être? Le croyez-vous? Ordre de Grégoire le Grand.
La chose, en ce temps-là, coûtait cinq cents francs
près la chancellerie du pape-roi, à Rome. Marchandise depuis bien tombée, en grand rabais.

« Un sot fier de ses cordons, écrit Chamfort, est
au-dessous de cet homme ridicule qui, dans ses
plaisirs, se faisait mettre des plumes de paon au
derrière par ses maîtresses. » Mais Chamfort, académicien sans doute, n'en osait pas moins être
homme et républicain à la barbe des gens. Par son
ruban à beaux deniers comptants payé à la chancellerie romaine, Melchior Vauquier se sent de
plain-pied avec ces messieurs de l'Abergement
entichés de leur particule postiche. Furieusement

Vauquier donne dans la gentilhommerie. La qualité l'entête, même la plus équivoque.

« Un mari, a dit Molière, est un emplâtre qui guérit tous les maux des filles. » Thécla Élimi de ses maux est-elle guérie parce qu'elle est madame Thécla Vauquier, que Melchior, ce mari de si fade et écœurante consuétude, en a approché sa lèvre funèbre? Les maux de Thécla Élimi étaient grands.

Du fond de l'étroit patio bourgeois des Élimi, à l'Abergement-sur-Rioni, Thécla Élimi, jeune et de tête ambitieuse, au prisme du désir voyant toutes choses, avait rêvé de vivre dans la claire auréole, en grand style, non pas seulement en style cossu et bourgeois, parmi toutes les perruques de la Restauration, ce mur de Chine à l'Abergement-sur-Rioni. Elle aurait eu rubis balais au front, dans la rue cape à la napolitaine, toquet à plumes balayant les bandes d'air, plumes à un louis le brin; équipages et chevaux : reine ainsi et fulgurante par le luxe, sinon par la beauté. Thécla, plaignez-la, n'a ni taille, ni formes, ni beauté. Mais Thécla avait l'art et la musique. Du moins le croyait-elle.

— Criarde psalmodie, aigre psaltérion, disait, de la voix et de l'instrument de Thécla, Malebranche, enfant terrible aux grisonnantes facettes aujourd'hui.

En l'imagination échauffée de Thécla châteaux en
Espagne grandissaient, tombaient, bondissaient
comme le grain sur le van. Point si bonne personne,
ce Dieu du ciel si inexorable aux vœux de Thécla ;
point si bon prince qu'on le dit communément.

Il n'y a qu'une seule noblesse, répéta longtemps
Thécla autour d'elle, c'est le titre de duc ; marquis
est ridicule ; au mot duc on tourne la tête.

Ni duc, ni marquis ne vint. Par les hobereaux
frelatés de l'Abergement-sur-Rioni Thécla était
même tenue en quarantaine. Atone, brisée sans
combat et portée à douter de tout, quand Melchior
Vauquier lui ouvrit les bras, Thécla s'y laissa tomber résignée et amatie. Avoir en soi de l'ouragan
humain et échouer à cette vie tiède et pâle, côte à
côte avec un chercheur de tulipe bleue, et cinq
mille livres de rente pour tout budget ! Ah ! elle
n'eut pas les sept allégresses, notre pauvre Thécla !
Foyer froid, table muette, lit glacé, ne la voilà-t-il
pas dans de beaux draps blancs ? et n'est-ce pas
pour crever de dépit ?

Si du moins elle avait senti la mandragore qui
rend les femmes fécondes ! 'Mais peu ou point
d'escarmouches vénériennes, point d'enfants. Horizon fermé, maison silencieuse. Nul sentimental

10.

galimatias ni maternel pathos. Rien pour le cœur
en cette solitude et ce désert! Thécla avait-elle
bien un cœur? Rien pour l'esprit en cette mondaine Thébaïde, rien pour l'action en cet indolent
farniente des classes dirigeantes à l'Abergement!
Liée dans l'existence inférieure que lui faisaient et
l'insuffisance de Melchior, et la nullité du milieu,
et la longue oisiveté de journées sans intérêt, et
l'affadissante sécurité de l'avenir, et l'inintelligence
de ce qui se passait dans les cœurs autour d'elle,
pour Thécla, plus d'issue aux hautes pressions inté-
rieures. Allait-elle donc s'éteindre à la vie, mourir
aux réalités? Son moi féminin ne pouvait-il, par
quelque point, s'accrocher à ce non-moi masculin
qui avait nom Melchior Vauquier? Thécla l'essaya.

Il y a, enseigne l'histoire naturelle, aux derniers
degrés de l'échelle animale, un être dénué, sans
armure ni carapace pour préserver son corps, sans
même la bave visqueuse dont le limaçon enduit,
capitonne la route âpre et rude au ventre qui s'y
traîne. Peu garanti et en grand hasard, ce déshérité
de la nature n'en veut pas moins vivre et s'agiter,
se mêler au drame universel, et faire son personnage. Le premier coquillage vide, abandonné, notre
paria le chausse, l'anime, le traîne grelottant sur

les graviers, et avec lui se jette aux aventures et
aux événements. Thécla chaussa Melchior, tout
heureux de n'être rien chez lui, comme l'ancien
poëte. Vauquier serait le coquillage mort, Thécla
le mouvement intérieur. Vauquier serait le manne-
quin, Thécla la ficelle.

Pour produire au grand jour de l'opinion, à
l'Abergement, son chercheur de tulipe bleue, Thécla
eut les commissions de statistique, refuge ordinaire
des eunuques des classes dirigeantes, les adminis-
trations civiles des bureaux de charité, de l'hôpital, où, cheval de frise, on masque, on couvre
toutes les irrégularités, les usurpations, des communautés religieuses.

Intrus, du fond de ses trois générations d'anti-
quité, la gentilhommerie bourgeoise de ses dédains
accablait Vauquier tenu à respectueuse distance.
Au travail administratif Melchior était stylé comme
âne à jouer du flageolet, le savait, n'avait d'avis,
de vues sur rien, et laissait faire. Melchior, pour
n'avoir pas de particule postiche, n'en était donc
pas moins du grand parti de l'ordre, éminemment
conservateur, conservateur des abus, des usurpations, et révolutionnaire à rebours. Melchior était
mûr pour la mairie. Melchior fut maire sous le

second empire, et général Boum de l'Abergement-sur-Rioni. Bienheureuse Thécla !

De longue main, pour couvrir ses insuffisances natives et ses timidités congéniales, Melchior s'était fait une voix d'emprunt, enflée, boursouflée, une voix de tête, tambour de basque, gong chinois, tintamarre à s'étourdir soi-même, à faire illusion à autrui, majesté théâtrale, voix sonore et altière d'un génie ennuyé.

— Vauquier, disait Vien de la Perrière, résonne et raisonne comme un tambour mouillé.

A l'Abergement, dans le monde gelé de la gentil-hommerie postiche, en toutes choses il y a une sorte d'étiquette. Melchior est l'étiquette incarnée. Melchior ne vit pas, mais il est convenable. Melchior ne pense pas, Thécla pense pour lui. Mais Melchior a son gong chinois, ses boums officiels et sa magis-trale inanité.

— Un beau cierge que Gent de Préval doit à Vauquier! disait un jour Vien de la Perrière.

— Pourquoi?

— Sans Melchior, Gent de Préval, de toutes les gourdes de l'Abergement-sur-Rioni, était la plus creuse et la plus vide.

Il a vraiment des mots terribles, ce docteur Vien

de la Perrière, qui sans vergogne, tout haut, de la précieuse Thécla a osé dire :

— Madame Thécla Vauquier, laissez-moi donc, un invertébré moral !

Aures habent et non audient, oculos habent et non videbunt, nares habent et non odorabunt, manus habent et non palpabunt, pedes habent et non ambulabunt, s'est écrié le Psalmiste. « Ils ont des oreilles et n'entendront pas ; des yeux et ne verront pas ; des narines et ne sentiront pas ; des mains, ne palperont pas ; des pieds, ne marcheront pas. »

Par lui-même, c'est vrai, Vauquier ne voit, ne sent ni n'entend. Vauquier ne met pas la main à la pâte. Mais, général Boum, à l'Abergement-sur-Rioni, Vauquier, comme autrefois Romulus aux vagabonds d'Italie, a ouvert dans sa bonne ville un asile à tous les gendarmes hors de service. Vauquier a Blomet et son escouade de médaillés militaires, Vauquier voit, sent, entend par Blomet, par Pineton, par les retraités interlopes de l'Abergement. Vauquier a mieux que ça, il a Thécla et l'escadron volant de sa Thécla.

Quand Catherine de Médicis, avec le roi d'Espagne, avec le pape conspirait, de loin préparait la Saint-Barthélemy, elle menait avec elle ses dames

d'honneur, son escadron volant, voit-on dans les
mémoires du temps, bel essaim d'abeilles amoureuses, tout-puissants auxiliaires des royales négo-
ciations. Thécla, Catherine de Médicis au petit pied
dans la bonne ville de l'Abergement-sur-Rioni, a ses
trois bonnes, œil hasardeux, croupe cambrée où
bondit le désir, désinvolture osée et minois agaçant.
Que de choses on apprend entre deux baisers, que
de secrets surpris la jupe levée! Pourquoi vous
étonner que Vauquier soit aujourd'hui de l'ordre
moral? Tout est bon, qui sert la bonne cause.

Vauquier a été du plébiscite, maire plébiscitant
au premier chef. En avant, les *buveurs de sang*,
l'*hydre des révolutions*, tout le bric-à-brac réaction-
naire. Les murs de l'Abergement flamboyaient des
placards municipaux sortis de la plume de Thécla
Vauquier, flûtes tibicines bien douces aux oreilles
de Melchior, ce naïf triomphateur. Personnelle-
ment, on le sait, Vauquier ne rédige pas.

Puisqu'on est le néant, que sert d'être le maître?

Vauquier est-il réellement un benêt en rupture de
ban, comme le prétend le docteur Vien? Quoi qu'il
en soit, le 4 septembre rendit enfin Melchior Vauquier à sa chaîne, à ses tulipes et à sa femme Thécla.

Il était dans le bruit, il est dans le silence.

Thécla a-t-elle donc dit son dernier mot? Ne le croyez pas. Thécla manœuvre. Thécla est de toutes les quêtes. Thécla est de tous les exercices pieux. Thécla est des messes réservées d'Alivergot. Thécla pavoise sa maison le jour des pèlerinages henri-quinquistes. Sacrifice suprême, dévouement *in extremis*, au gouffre clérical Thécla pousse son bonapartiste Décius. Vauquier se voit aux messes de huit heures, aux processions, derrière le dais et la bannière, coude à coude avec Pépuan et Gédéon Odobez. Vauquier est l'ancre de salut des frères de l'École chrétienne et des congréganistes. Vauquier, le premier, a signé le pacte de la sainte alliance minuté par Mathusalem Élias.

Pour maintenir en face des écoles laïques de la ville les frères supprimés en 71, il fallait des fonds. On dut à l'imagination de Mathusalem Élias une constitution de société d'un nouveau genre, société civile sans bénéfices possibles, sans intérêt, société nulle, disent les jurisconsultes, société bâtie sur le sable. Qui signerait le premier et donnerait le branle? Il fallait là le naïf des naïfs. Mathusalem Élias prit Vauquier.

Tant de complaisance et d'abnégation méritait récompense à coup sûr. Après le 24 mai, l'Abergement eut des élections municipales complémentaires. Vauquier remit son plumet conservateur et se porta. Vauquier eut pour lui saint Vincent de Paul, Blomet, Pineton, l'escouade de Blomet, les médaillés, les gendarmes en retraite. Vauquier resta d'un grand tiers au-dessous du nombre de voix légal pour être nommé, bien loin des candidats républicains, qui, ce jour-là, lui ont damé le pion.

— Tout est perdu, disait Claude Bazu, le soir, au commérage de ces messieurs. Les hommes sont décidément pervertis à la république. Pour nous nous n'avons plus que les femmes.

— Eh bien, repart Vauquier, de son ton solennel et de sa voix de gong chinois, eh bien, on fera voter les mères de famille. — Ah! Vauquier, pour la naïveté, n'a pas son pareil.

L'ordre moral aura beau faire. Casque de fer, heaume, haubert, visière, crible, gorgerin, cuirasse, genouillères et meurtriers boutoirs, gantelets, squames d'acier, lance, épée à deux mains, hache, dague sous l'aisselle, qu'il s'arme de toutes pièces. Tant qu'il n'aura pas Vauquier avec lui, à l'Abergement-sur-Rioni, il ne sera qu'une armure vide à figurer dans un musée.

Thécla, dit-on, hésite, et Vauquier a peur. Tant pis pour toi, ordre moral.

———————

DONA GALOCHE

Aco caMa, aco mangia pas.

« Ça chante, ça ne mange pas. »

Elle est plus qu'un souffle, pourtant à peine un
corps, fragile et grêle charpente sous un voile, sous
un soupçon de chair ténue, fluide et transparente.
Et pas de muscles qui relient, attachent, donnent
du ressort.

Est-ce là enfant adulte et printanière? Est-ce
blonde génisse du roi Admète? Est-ce femme épanouie, une rose après la pluie? Qui le pourrait
dire? Elle a vingt-cinq ans, folâtre avec la vie, où
tout lui est jouet, joujou, fanfreluche, bijou et
broderie. Blanche petite chatte, au sortir du berceau et des langes, l'oreille au frôlement, l'œil à
l'ombre qui passe, la patte à qui s'agite, glisse,
remue, le bond capricieux aux subits élans, aux

courses folles, aux sauts inattendus, l'arrêt soudain, corps ramassé et pelotonné, elle est, dirait-on, sans cesse à guetter la proie idéale, fille de son imaginative, de sa fantaisie folichonne.

Cigale d'Anacréon, pas de sang aux joues vert diaphane de dona Galoche, en ses meilleures heures, vert louche, opaque, crayeux, adipeux, terne, aux heures de morbidesse. Dona Galoche ne boit pas, ne mange pas, vit de l'air du temps. Ni faim, ni appétit, en dona Galoche. Dona Galoche ne marche pas non plus. Marcher la met à mal, en grande langueur. A peine soumise à la gravitation, flottante nébuleuse en son vague azur capitonné de ouate et de nuée, dona Galoche ne tient guère à la terre que par les pieds. Pas d'existence inférieure pour dona Galoche, pas de basses nécessités. Lui rappeler de loin, de très-loin, les naturelles servitudes du corps, énorme messéance! A quoi pensez-vous? La voulez-vous en pâmoison? Le cœur lui tourne au premier mot. Pour elle, la vie est une cascatelle, un son filé, une roulade, une fugue. Une contemplation peut-être, un rêve? Non pas. Tout au plus, une flânerie indolente à la fenêtre, roulée en une chaise basse, loin de la foule, du vulgaire, à part, sous un globe de verre.

Péronnelle de bec affilé, depuis sa sortie du couvent, dona Galoche a son style à elle, style aux anneaux diaprés, son intonation, sa cantilène mignarde, son accent quintessencié, loin de l'accent de terroir, de la saveur domestique, du parfum de la famille. L'éducation de ces dames du Sacré-Cœur lui a fait cette douceur et cette distinction.

Dona Galoche n'est point laide avec ses belles paupières turques, sa chevelure abondante et ses grands yeux. Dona Galoche n'est point belle non plus, tête en capote de cabriolet, bouche rentrée, nez arrasé, front proéminent, menton saillant en ébauchoir qui lui a valu son désobligeant surnom de dona Galoche, parmi les malveillants de l'Abergement-sur-Rioni. Son nom véritable est Azélia Pendeloche, fille de M. Pendeloche, retraité et honoraire du docte corps de l'Université. Si dona Galoche n'est pas belle, dona Galoche se sent distinguée. Paraître distinguée, c'est l'idéal pour dona Galoche. Hors de là, tout lui est un.

Somnambula, *Traviata*, *Faust*, Strauss, *Favorite*, chant, concerts, théâtre, c'est son élément. Elle y est de flamme. Galimatias, pathos transcendant, nomenclature des artistes en renom, mâles, femelles, lyriques, dramatiques, elle vous récitera

imperturbablement son journal. Dona Galoche vit
par les journaux de théâtres et concerts, et dona
Galoche a bonne mémoire mécanique.

Dona Galoche chante. Nulle mélodie. Dona Galoche n'a qu'un mince filet de voix, sans justesse
naturelle. De la mort aux rats chantée.

Dona Galoche touche du piano. Elle passe, sans
y plus regarder, et dans la même heure, d'une
gamme à un exercice, de la *Somnambula* à la *Favorite* ou à *Faust*, d'une valse à la romance du
Saule, effleure une phrase ici, une variation là, sans
suite, sans étude, au gré de son humeur noncha-
lante et ennuyée. Mais dona Galoche balance sa
tête, ondule son corps, effile ses doigts, leste,
preste, minaude son jeu et sa physionomie. Pour la
grâce et la distinction, dona Galoche se sent hors
de pair, et se laisse faire à toute cette joie de l'apparence et du paraître.

Vase d'élection, miroir sans tache, point de coquetterie, de regard, d'attention aux tourneurs de
prunelle, chez dona Galoche. Ce qu'elle aime, c'est
la galerie, hommes, femmes, n'importe.

Dona Galoche a un jeune chat. « Mon petit fan-
fan, mon petit camuset. » Dona Galoche le berce, le
dorlote, le soigne, l'amuse, songe à son sommeil,

à son déjeuner, à son dîner. Mais ne parlez d'enfant à dona Galoche, vous lui donnez la nausée. Habiller, déshabiller, débarbouiller, préparer la tartine et au bambin chanter le lolo! Prenez-vous dona Galoche pour paysanne et femme du commun?

A d'autres l'impasse de l'amour et l'échafaud nuptial. L'amour, une convulsion, a dit un sceptique. Nulle boue en l'argile dont est pétrie dona Galoche, l'âme à cent lieues de son corps. Point badinage, le mariage, prétend Molière. Pour dona Galoche, l'amour, si d'aventure elle y songe, est un récitatif, le mariage un duo, un morceau à quatre mains.

Pour pénétrer jusqu'à elle et la toucher au cœur, il y faudra un éphèbe, rabat brodé, barbe cirée et bridée en pointes de fuseau, après aubade et sérénade, par une échelle de corde monté à la fenêtre.

Dona Galoche, pourtant, chaque jour vit à l'Abergement-sur-Rioni. « Combien est terrible, dit Milton, le désespoir que cet air si doux n'apaise pas! » Combien incurable, ajouterai-je, le cœur que l'air si sain, si salubre de la montagne de l'Abergement ne ramène pas à la nature!

Vie fausse, vie tronçonnée, vie malsaine, direz-vous. Pourquoi? — Point de beauté, point de dot, donc point de mari en habit noir, sans place peut-être demain. Mièvre, alambiquée, nerveuse et sensitive, pas de main calleuse non plus pour oser approcher de dona Galoche. Dona Galoche coiffera sainte Catherine. — Et puis après? Doucement elle s'en va dans cette promenade matinale de la vie. Insensiblement, sans heurt, sans bouillons, sans écume, comme l'eau du Rioni, dona Galoche s'achemine à l'embouchure. N'est-ce assez?

Malheureusement, ici-bas, l'allée unie, le sentier rocailleux, également conduisent aux abîmes.

Un lustre encore, et voilà dona Galoche tout à fait au bout de son rouleau. Plus de jeunesse, plus d'illusions.

Voyez dona Galoche à trente ans, la peau déjà au parchemin. Quel noir brouillard d'hiver dans cette âme! Quel vide dans cette solitude! Quel désintérêt de toutes choses autour d'elle!

Délaissé, délabré, poussiéreux, dans son coin, à grand'peine le piano rappelle-t-il les jours de fête, les rêves de la jeunesse. L'épinette effondrée qu'on montre aux Charmettes fait-elle songer à madame de Clarens et à l'auteur du *Devin de village?*

Nul chant désormais que le chœur des anges,

nulle symphonie que le concert des célestes sphères, nulle autre noce que la noce spirituelle.

Pour aborder, comme une autre, au commun rivage, que lui a-t-il donc manqué? Dans le sang peut-être plus de fer qui le fait rouge; à son enfance, plus de famille, moins de couvent; partout, plus de nature qui fait la vie pleine.

———

M. VENCESLAS CABARUS

Ce n'est pas un morceau d'une cible ; ce n'est
Ni l'outre où tout le vent de la Fable tenait,
Ni le jeu de l'éclair ; ce n'est pas un fantôme
Venu des profondeurs aurorales du dôme,
Ni le rayonnement d'un ange qui s'en va,
Hors de quelque tombeau béant, vers Jéhovah,
Ni rien de ce qu'en songe ou dans la fièvre on nomme.
Qu'est-ce que ce navire impossible?...

(V. HUGO, *Légende des siècles*.)

Heureux de n'être rien chez lui, Venceslas Cabarus,
à Versailles, est du groupe Target. Entre la gauche
et la droite, Venceslas gravite, rôti d'un côté, gelé
de l'autre, comme la terre autour du soleil.

Quel âge donnez-vous à Cabarus ? Ni gris, ni blanc,
Cabarus est déteint, un manchon trop longtemps
usagé, éprouvé au grand air, à la pluie, couleur
sobre et étouffée, quelque chose de morne et d'as-
soupi. Cabarus n'est donc pas absolument vieux.
Pour être tout à fait jeune, peut-être faudrait-il à

Venceslas Cabarus un peu plus du teint frais et riant de la classique Aurore. Trop de parchemin à cette peau; en cette figure éteinte et poussiéreuse, trop de cire passée. Point d'obésité néanmoins, d'empâtement de chair, en Cabarus. Maigre jusqu'ici est resté Cabarus.

Aux hanches de Venceslas Cabarus, il y a des élans, du preste, du leste qui voudrait être de l'aisance juvénile, un ressouvenir des festons de la vingtième année, un réchauffé des grâces de jadis. En la promenade matinale de la vie, Venceslas s'était fait un pas court, ramassé, expédié, léger et relevé. Court encore est le pas de Cabarus. Mais au cou-de-pied maintenant plus de ressort, nul aplomb, nulle confiance, nul relief. Le pied ne traîne pas en Cabarus, mais déjà hésite, tâtonne, dirait-on. De la saison printanière Cabarus peut-être a-t-il gardé la saveur et le parfum, mais pour jouvenceau, rien de moins réussi que Venceslas Cabarus. « Jouvenceau bien mal conservé, » aime à répéter M. de Studéas, son collègue à l'Assemblée. Le temps est un si grand railleur !

Cabarus n'est pas orateur, étant du groupe Target. Cabarus n'est pas davantage un causeur dans les bureaux, un disert dans les commissions. Cabarus n'a point d'esprit. « Malheur à qui invente en parlant, » voit-on dans Faublas. Cabarus est de ceux qui n'inventent pas. Point poëte, même à vingt ans, Cabarus, un poétique tout au plus, à qui nature a rogné les ailes; et encore. De temps en temps un hoquet en *isme*, un cri en *ité : particularisme, constructivité*, c'est tout ce que Cabarus a retiré de son existence enchâssée de philosophisme.

Un homme de principe alors, Venceslas Cabarus, de passion instinctive, de nature énergique, de conviction profonde et d'indomptable caractère? Nous prenez-vous pour cruches? Cabarus est à peu près orléaniste aujourd'hui, de l'ordre moral, à coup sûr, depuis le 24 mai.

A vingt ans, autour de 1830, Cabarus, c'est vrai, n'était point homme du commun, à se réduire au droit et à la *gent chiquanouse*. Orgueil sans rien de subalterne, ambition orageuse, gigantesque, touffue, à vouloir décrocher la lune, songe-creux à pleine gueulée et cervelle fricassée de formules, Cabarus a été fouriériste, phalanstérien, saint-simonien, positiviste avec Auguste Comte. O belles contemplations, que vous êtes vigoureuses et grandes! Tour à tour, en chacune d'elles donna, tête baissée, Venceslas Cabarus. Pour gober, tout

hameçon lui fut bon. S'il y eût eu plus d'étoffe en
Venceslas Cabarus, il y aurait couru peut-être
beaucoup de fortunes et dangers. Point terre de
profond labour, Cabarus s'en tira. Ni œil, ni queue
du phalanstère, cette joie fut refusée à Cabarus;
encore moins l'ingegno de Considerant, le cœur et
la vivante imagination de notre spirituel Toussenel,
la science de Littré. Un grand brouillamini de
cerveau, de ses savantes pérégrinations voilà tout
ce que rapporta Venceslas Cabarus.

M. de Broglie veut être amer, Venceslas Cabarus
veut être officiel. A chacun son rêve et son idéal.
Regardez Venceslas Cabarus, de groupe en groupe,
dans les couloirs, à Versailles. Personnage onctueu-
sement pincé, circonspect, mystère ambulant, en
grande recommandation à ses propres yeux, qui
fait état de lui-même, et se veut en excellence autour de lui, Venceslas est contenu, réservé dans ses
allures, replié dans sa tenue, a le salut mesuré,
discret. A peine un mot ici ou là. Le syncrétisme
des centres, messieurs, voilà l'avenir et le salut,
c'est le refrain ordinaire de Cabarus. « Le *syncré-
tinisme* des centres, murmure dans sa barbe M. de
Studéas, on connaît ça, voilà Cabarus. »

Ni orateur, ni travailleur, ni administrateur, ni

jurisconsulte, ni homme d'esprit, Cabarus est une
utilité à Versailles, la femme de ménage du groupe
Target. Toutes les petites besognes sont à lui.
S'agit-il d'une surprise de vote et d'une polisson-
nerie législative, Cabarus est là, donne le mot
d'ordre, escarmouche à l'extrême droite, folâtre au
centre droit, trône au groupe Target, lutine le
centre gauche, amadoue l'extrême gauche, du moins
le croit-il. Mouche du coche législatif, Cabarus est
partout, en tête, en queue, sur les flancs. Rien ne
se fait sans Cabarus.

Au fond, si Cabarus eût été seul dans sa vie,
Cabarus serait aujourd'hui percepteur à l'Abergement-sur-Rioni, comme Vabois, rat de cave comme
Pépuan. Mais Venceslas sur la route a rencontré
Anaïs. Ruban folâtre sur la neige, à l'hiatus de la
chemise, gaze à la crème, franges neigeuses, œil
velouté, bouche qui appelle et provoque, point trop
grièche et sauvage, bec bien affilé, qui ne connaît
madame Anaïs Cabarus? A-t-elle longtemps rôdé
et couru le pays, comme le prétendent ses ennemis?
Là n'est pas mon affaire, ni la vôtre non plus.

Anaïs avait côtoyé tous les arts : la peinture,
Anaïs faisait le pastel et l'aquarelle; la sculpture,
Anaïs modelait; les lettres, Anaïs, avec des ciseaux,

composait des nouvelles à la main, émaillait ses
pages de tous les mots cueillis autour d'elle parmi
les recrues du journalisme. Amour, qui ses servi-
teurs loyaux secourt, quand bien lui plaît, jeta la
séduisante Anaïs aux bras de Venceslas touché fort
avant au cœur.

Venceslas avait dès lors mis sa tête sous son aile
repliée, laissant, au-dessus de lui, sa fauvette chanter seule sur sa branche. De ce jour Anaïs fut la
trompette et le porteur de huchet de Venceslas Cabarus. Bonhomme abécédaire et dégénéré en mari
pacifique, Venceslas Cabarus épelait aux pages de
madame Anaïs Cabarus.

Madame Anaïs Cabarus en chartre à perpétuité,
cela se comprend-il? Madame Anaïs Cabarus aux
cendres mornes, au piétinement absurde et monotone de la bourgeoisie à l'Abergement-sur-Rioni,
c'était par trop fort, vraiment. Anaïs lança Venceslas
dans les candidatures tolérées, sous l'empire.

Venceslas Cabarus se recommandait, comme Napoléon III, des immortels principes de 89 : liberté
de la presse, liberté individuelle, liberté de conscience. Ces choses-là font toujours bien dans le
paysage. Une phrase de sa profession de foi fit
la fortune politique de Venceslas Cabarus : « Celui

qui donne à la terre du grain fort est aussi grand
que s'il avait fait dix mille sacrifices. Cultivateurs
des campagnes, je suis avec vous. » Où les ciseaux
d'Anaïs avaient-ils glané cette citation? Je le laisse
à plus savant que moi.

Avec l'opposition des quarante-cinq, sous le ministère Ollivier, Venceslas avait acculé l'empire à
une impasse d'où il ne sortit que par Metz et Sedan.

En 71, Venceslas Cabarus se vit, entre le comte
Adolphe de Studéas et le jeune Éliacin Adjacet, sur
la liste du département.

Après la Commune, Venceslas était républicain
conservateur, aux côtés de Thiers.

Au 24 mai, Venceslas, à pieds joints, sauta dans
l'ordre moral, avec Target, son chef de file. Simple
cheval de frise politique, Venceslas Cabarus de
son oriflamme tricolore couvrait les pèlerinages,
les appels au drapeau blanc et à Henri V.

Au 20 novembre, Venceslas tenait à pleine poignée le drapeau tricolore, à la gauche du duc Albert de Broglie.

Cabarus a voté le septennat, Cabarus a voté la
loi des maires. Que veut donc Venceslas Cabarus?
Forban bonapartiste, doctrinaire et procureur orléaniste, congréganiste d'Henri V, même républicain

conservateur, Cabarus est de tous les partis qui vont aux gros budgets, à la chinoiserie administrative, et lui réservent une place au râtelier.

A Gambetta, aime à répéter Cabarus, les dernières couches sociales; à nous le pouvoir et les gros traitements. Ne sommes-nous pas, par destination, les classes dirigeantes?

Le libéralisme de Venceslas Cabarus, quels que soient les événements, n'ira jamais plus loin, soyez-en sûrs.

VIBRION DE VERPILLAT

Vite graissons nos bottes, s'écriait Vibrion de
Verpillat en sa redingote qui ne tenait plus qu'à un
cheveu, sous son immense béret rouge à dérouter
le bon sens, artiste déloqueté et délabré, avec un
grand air d'aventure. La flamme va bientôt éclairer
la moitié du monde, entendait-il autour de lui. Ira-
t-elle jusqu'au bois des trônes et aux manches de
nos croix? On était alors au 18 mars 1871, sur la
butte Montmartre.

L'Abergement-sur-Rioni n'a, que je sache, ni
Périclès, ni Aristophane, ni Socrate en herbe. On
y connaît en revanche, assure-t-on, plus d'un Ani-
tus, plus d'un Cléon, de trouble et acariâtre démocratie. Point d'Aspasie, vous le supposez bien,
point d'hôtel de Rambouillet, ni Récamier, ni

Moncalm, aucun véritable salon à l'Abergement-
sur-Rioni, nul coin du feu pour la gloire de l'a-
venir, comme à Athènes, comme à Paris, nuls
grelots anticipés du carillon de la postérité. La
bonne et somnolente ville n'a que le salon de
madame Anaïs Cabarus, effarements inquiets de libres penseurs parfois, souvent apitoiements étouffés
sur les misères communes et les petits heurts de la
vie à l'Abergement, toujours mêmes mots invaria-
blement retombant aux mêmes silences. Jet d'eau
faible, lent, monotone, la clepsydre de la solitude.
Nulle fantaisie de la gaieté, nul affriolant brio de
l'humour et de l'ingegno; une imperturbable non-
chalance. Un froid à geler le mercure. En cet immobile refuge du mouvement, en ce sanctuaire glacé du
progrès, comment oser parler franchement, penser
tout haut, débonder et vider son cœur? Idée un peu
vive, grossièreté. La longue accoutumance aux préjugés convenus, aux mots sans relief, est si grande
en l'ordre moral de madame Anaïs Cabarus! Pleu-
rer sur la cendre des peuples, frissonner de pitié, se
briser de compassion continue, à la bonne heure.

Chez Libri, c'est un rustique laisser-aller, un rural officiel, le brûle-gueule aux dents, un tohu-
bohu de tous les dignitaires de l'antichambre, à

l'Abergement : Pépuan, Bruscambille, Gédéon Odobez, Rigolo-Pain-de-Seigle, ce venimeux gonflé de
son propre venin, Malebranche, ce badin. Tempê-
tueuses agitations à propos de bottes, cancans subalternes.

Au commérage de ces messieurs, chez les Richomme, les Prensac, les Chataigneraye, les des
Hières, atrabilaire et misanthrope, chacun s'y cal-
feutre dans les regrets des temps écoulés, en haine
du présent, bénissant le passé, et, comme on l'a
dit, battant les enfants avec les ossements de leurs
pères. Le cadran du dix-neuvième siècle y marque
l'heure du moyen âge. Fanges de printemps, fanges
d'automne, tout clapote, sourdement cuit et bouil-
lotte sur une note uniforme. Voiles langoureux d'af-
féterie et de mysticité, les mots s'y allanguissent sur
un ton de félicité extra-humaine. Ici, la vie ne sert
guère qu'à contempler la mort.

On connaît la confrérie des camaldules, longue
robe à envelopper la tête, tout le corps, deux petits
trous seulement pour les yeux; des ombres représen-
tées. Des camaldules aux classes dirigeantes, à
l'Abergement-sur-Rioni, quelle différence? Je n'en
vois guère.

Le Rioni n'est pourtant pas un fleuve sans gloire,

croyez-m'en, *haud inglorius amnis*. Il a eu, dans les
armes, son héros, le colonel Clotar Pineton-Hanouman, ce grand batteur de fer. Outre le maestro Gédéon Odobez, qui dîne de sa dévotion et soupe de
sa fanfare, l'Abergement, dans les arts, a son peintre de marine, Ambroise Vibrion de Verpillat, cheveux blonds en broussailles sur les yeux autrefois,
pagne écourté à ne pas couvrir l'endroit où cesse le
dos, habit noir aujourd'hui taillé en queue d'aronde,
cravate blanche, bonhomme des plus échauffés de
morale, grave, sentencieux, rassis, officiel inspecteur des musées de l'ordre moral.

Avant l'éclosion de son grand, de son unique tableau, Vibrion, au boulevard Montparnasse, avait
atelier, baroque pandémonium de pochades aux
murs étalées de toutes mains folles, ivres de vin, de
jeunesse, d'espérance et de vie, hétéroclite bric-à-
brac de fantastiques panoplies, de tentures et tapis
criards, troués, tachés, rapés, d'escabelles écloppées,
de chaises boiteuses et estropiées, de canapés tré-
pignés et gâteux, de chapeaux extravagants, de
bérets bariolés et ébouriffants, d'habits éreintés et
ramollis, de calebasses égueulées, d'assiettes fêlées,
sillonnées, ruinées, de fourchettes édentées, de
fleurets tronqués et démouchetés, de crânes sciés en

deux et tout gluants encore des punchs évanouis,
de tasses effritées, ébréchées, de pipes écloses hors
de proportion, camardes, pointues, obèses, évasées,
ventrues. Debout dans sa poussière, un chevalet solitaire, sous son éternelle ébauche étalée, séchait sur
pied et donnait un nom à la carnavalesque friperie.

Quinze ans durant, en ce sanctuaire, on rit à tue-
tête, mangea, but, déraisonna à bouche que veux-tu.
Astyle, une artiste lyrique, la reine de la bacchanale, chantait. Vibrion de Verpillat, pâle, hâve, les
yeux loin du nez et à fleur de tête, grand, efflanqué,
un marchand de salade normand, retour de l'hôpital, était le dieu, le Bacchus dégingandé de telles
fêtes orgiastiques et escarpées. Astyle en était la
prêtresse enivrée, aux chants orageux. Astyle n'allait
à rien moins, disait-elle tout haut, qu'à remplacer
madame Viardot sur la scène parisienne.

Nous l'avons tous connu, devant son fiévreux parterre, ce chapeau tourterelle pavoisé de rubans bi-
garrés, cette lamentable robe de cannetille, au pied
de ces dieux païens, indulgents et folâtres, au milieu
du hourrah échevelé, du *tolle* général, qui, de sa
basse continue, saluait l'hymne joyeux et la lyrique
aurore. Astyle, maintenant, à l'Abergement-sur-
Rioni, a touffu monticule de cheveux de son cru,

prétend-elle, coiffure en dôme étagé, pièce de dessert
montée et biscuit de Savoie sur la tête, ni plus ni
moins que toutes les dames dévotes de la gentilhommerie postiche. Astyle ne regarde plus que de chan-
frein et lorgne à demi-prunelle. Astyle est des
pieux pèlerinages, croix rouge au tetin gauche. A
chaque blouse et carmagnole d'aventure sur son
chemin, dévotement se signe Astyle. A toute pipe
dans la rue : la Commune, gronde Astyle. La Commune, aux jurons des charretiers. La Commune, aux
filles débraillées. La Commune partout et à toute
sauce. Partageux est usé jusqu'à la corde, à l'Abergement-sur-Rioni. On n'y dit plus que communard.

Cent mille francs en terres au soleil, à peu près
toute la fortune de Vibrion, avaient été tamisés et
blutés en ces joyeux ébats. Il fallait faire une fin.
Musique, peinture, art pour art. Vibrion épousa son
Astyle. Huit jours après la noce, rare vertu de l'hy-
men, la prêtresse bâillait devant son idole de la veille.
Bonheur plein de ronces et d'épines. Vivre dans le
péché, végéter dans la mort, grande duperie, profonde mystification. L'heure est venue, cessons
l'assaut et ployons l'œuvre. Vibrion, fatigué de
vouloir entrer dans la vie par effraction, essaya de
travailler.

Aussi bien, pour lui, les nuages cuivrés déjà montaient-ils, à l'horizon, sur une mer sinistre. Il eut son tableau.

Besogne achevée, un ami, artiste celui-là, mâle de travail et d'égalité, regardait le chef-d'œuvre.

— Ça, jolie porte de jardin.

— Une marine, mon bon.

— Ça, qu'est-ce que c'est?

— Le ciel.

— Bon. Ça?

— L'eau, la mer.

— Bon. Ça?

— La terre, le rivage.

— Pas de perspective, pas de lointain, un ciel qui ne fuit pas ! D'abord, les nuages, autant de pots de crème plaqués et séchés au soleil. Décrotte-moi ça. Et puis jette-moi des oiseaux dans ton ciel, un en avant, un en arrière, le reste en corps de bataille. Des oiseaux dans le ciel, tu sais, un double point d'exclamation de la tête à la queue, une tache d'encre à droite, un tiers de tache à gauche pour l'un ; un tiers de tache à droite, tache complète à gauche, pour l'autre. Le tour est joué. Là, au premier plan, une falaise, un monticule, ce que tu voudras, avec un arbre, un bouquet de verdure dessus. Des mouettes

qui secouent leurs ailes sur la falaise, sur le rivage.
Ici, ou bien là, un groupe, homme et femme.

La femme aura du rouge sur les épaules et sur la
tête. Des deux, l'un lèvera le bras.

— Oui, mais la figure, tu sais, je n'y entends
guère.

— Parbleu, tes personnages tourneront le dos.

— Tu déjeunes avec moi ?

— Non. Adieu et bonne chance.

A huit jours de là, c'était un journaliste devant le
chef-d'œuvre.

— Oui, oui, je vois ce que c'est. Des amoureux, des
oiseaux, les éléments associés au sentiment de
l'homme, une scène d'amour au bord de la mer.
Vous aurez votre épigraphe, vos quatre vers, demain.

Aux conseils de l'ami Vibrion devait le procédé ; à
la plume du journaliste, la pensée. Le tableau, admis
à l'exposition, fit quinze cents francs.

Tout le monde emparticulé, à l'Abergement-sur-
Rioni, sut bientôt que Vibrion de Verpillat, artiste
remarqué, avait vendu une marine trente mille
francs. Les Vibrion en faisaient jabot à vingt lieues
à la ronde.

Vibrion à Visinant, Vibrion à Suty, Vibrion à Cyr,

Vibrion à Verpillat, c'est comme une enceinte de forts
détachés autour de l'Abergement-sur-Rioni, autour
de ce nid de gentilhommerie postiche. On dit Vibrion de Visinant, Vibrion de Suty, Vibrion de Cyr,
Vibrion de Verpillat. La tête plébéienne et roturière
disparaîtra bientôt. Il ne restera que la queue gentilhommière. Le procédé est connu. On aura, à l'Abergement, M. de Visinant, M. de Suty, M. de Cyr,
M. de Verpillat, tous conservateurs, et à perpétuité
du grand parti de l'ordre.

Aux autocrates de Russie leur Pierre le Grand et le
testament de Pierre le Grand. Aux Vibrion leur Antoine Vibrion et le codicille d'Antoine Vibrion. Prêts
à usure aux campagnards affolés de la terre et de la
propriété, ventes à réméré et arrière-achats sur une
vaste échelle, expropriations forcées, les domaines
s'engouffraient en la gibecière d'Antoine comme pois-
sons affamés en nasse. En mourant, Antoine Vibrion,
le premier de la dynastie, avait marqué la voie à sa
descendance. Ruses, piéges, adresse, mariages, les
Vibrion coucheraient un jour au lit des hobereaux
frelatés de l'Abergement-sur-Rioni, les supplante-
raient comme classes dirigeantes. Tel testament a
été le Coran, le livre de loch des Vibrion, dont plus
d'un a déjà pied en la terre promise.

Parmi eux un seul excentrique, Ambroise Vibrion de Verpillat. En laissant la proie pour courir après l'ombre, avait-il attrapé le morceau sans os, Ambroise Vibrion de Verpillat? Bien aventureux qui oserait l'affirmer.

Des quinze cents francs du tableau, il n'y en eut pas pour deux mois. A ses oncles célibataires s'adressa Vibrion. Tous gens d'esprit scélérat, dit-on communément des Vibrion, mais gens à ne pas se déshabiller avant de se coucher. Rebuté, Vibrion avait cent tours au sac. A Malebranche il adressa un billet de mille écus signé, de sa plus belle main, Ambroise Vibrion de Verpillat. Malebranche se piquait de faire de l'art. Il envoya le montant.

— Ah! le beau billet qu'a Lachâtre, dit, songeant à Ninon de Lenclos, M. de Studéas, quand on lui montra l'écrit de Vibrion.

Successivement, par lettres missives, Vibrion avait prié M. de la Chataigneraye, Prensac, Vauquier, des Hières, Vien de la Perrière.

Avez-vous reçu la circulaire de Vibrion? se disait-on en ce temps-là, en s'abordant au cercle de l'Abergement-sur-Rioni.

Grande détresse au boulevard Montparnasse. Vibrion laissa toute liberté à son Astyle. Astyle en usa, et Vibrion vécut à l'aise jusqu'à la guerre de 70.

« Pierre précieuse, disait, au moyen âge, le comte de Loi de l'écueil qui, par droit de bris, remplissait ses coffres, plus précieuse que celle qu'on admire aux couronnes des rois. » Astyle avait-elle été l'écueil de Vibrion ? Toujours est-il qu'il y avait droit de bris, si l'on en croit ses amis les plus indulgents.

Quand, aux plaines de Champagne, se forma notre seconde armée, Vibrion partit dans les ambulances de la presse.

Depuis plusieurs jours en délicatesse et en escarmouche avec les Prussiens, dans les Vosges, subitement de Failly, chacun sait ça, avait donné à son corps d'armée l'ordre général sur toute la ligne de démonter les armes, de nettoyer les fusils. Les Prussiens n'eurent qu'à se présenter, et la terrible débandade commença. Vibrion avec Vinoy revint à Paris.

En mars 71, Vibrion n'avait pas quitté Paris. L'armistice était signé. Les canons de la garde nationale étaient réunis, le quartier occupé par les troupes de ligne, les artilleurs prêts à emmener les pièces. Pas un seul attelage commandé, assurent

12.

les officiers d'artillerie. On s'en alla comme on était
venu. L'horrible débâcle ne tarderait à éclater.
L'œil aux lézardes de l'édifice, Vibrion ne voulait
être pris sous les ruines.

Campagne diabolique, drames de dagues et
d'épées, l'affaire menaçait d'être chaude et de
mettre le monde à mal. Livré aux bêtes à Paris,
fusillé à Versailles, genre de mort qui ne me duit
guère, murmurait Vibrion, à jamais désenchanté de
toute sanglante facétie.

La coupe du péché avait eu assez d'amertume
pour les lèvres de Vibrion. Vibrion avait pris le chemin de fer de la rive droite et dit adieu aux vio-
lentes plages de Montmartre, où successivement on
l'avait vu de l'état-major de Cluseret et membre de
la municipalité.

Vibrion, l'œil plein d'adultères, allait épouser le
Un contre Tous du philosophe Charron, après avoir,
pendant le siége de Paris, vécu en concubinage avec
le Tous contre Un du 4 septembre.

— Planter notre tente ici, disait-il à son Astyle
dans les rues de Versailles, à quoi bon? Elle sera
prise en dédain. Mieux vaut l'Abergement-sur-
Rioni, un pays de cocagne pour qui sait vivre de
capucinades, de façons papelardes et chattemites.

A l'Abergement-sur-Rioni, Astyle fut un hochet à la mode. Elle chantait dans le monde, elle chantait à l'église. Vibrion ranimait les réunions endormies. « Orgeat, limonade, » « l'entr'acte, demandez l'entr'acte, » tous les cris des coulisses et des théâtres, les boniments des marchands de pâte à aiguiser, ceux des vendeurs de poudre à polir, à nettoyer, Vibrion, doux regain des mœurs d'atelier, les imitait à ravir. Vibrion, Astyle, tous deux pratiquaient, d'ailleurs. Malebranche en raffolait.

On présenta Vibrion de Verpillat aux électeurs d'un département voisin. Vibrion était candidat conservateur, candidat clérical. Déveine ordinaire du parti de l'ordre, Vibrion échoua.

Corbineau se mit en campagne, poussa Éliacin Adjacet, harcela M. de Studéas, insinua près de Wenceslas Cabarus. Ambroise Vibrion de Verpillat fut nommé inspecteur des musées.

M. le duc Albert de Broglie eût bien voulu de M. Ambroise Vibrion de Verpillat faire un maire de Visinant. Les paysans, dit-on, menaçaient de prendre des bâtons. Vibrion vient de décliner l'honneur, en prétextant les devoirs de sa charge.

ALIBERT

Je vois fort bien comme on y entre,
Je ne vois pas comme on en sort.
(LA FONTAINE.)

Dans Alibert, l'œil est myope, voit mal à dix pas, mais l'esprit est presbyte, voit loin et vite, de longue et rapide portée, plutôt que de portée profonde et haute.

Alibert n'aime pas qu'on regarde chez lui. Alibert se dérobe, se couvre, bat en retraite et s'efface, s'il vous suppose à l'espère, à l'affût devant lui, s'il vous sait de force à le pénétrer. Peur d'embarras et de surprise ? Non pas. A toute chose Alibert répondra sans se déferrer. Alibert a toute la langue à commandement. Timidité sous-cutanée et réserve singulière ! Alibert n'a rien à cacher, rien qui ne se puisse bravement montrer.

Tout d'Alibert est bienveillant et bon, honnête,

loyal et désintéressé, sans aucune arrière-pensée de calcul personnel et étroit. Alibert n'a guère qu'une faiblesse capitale : il veut être préféré, ne se saurait passer d'être apprécié des hommes, des femmes, de chacun, de tous, n'importe.

Nulle jalousie, d'ailleurs, dans Alibert, nul ombrage. Alibert a le sens droit, juste, sait ce qu'il vaut et vous rend justice à vous-même. Des avantages d'Alibert, au surplus, ses amis s'enveloppent comme des leurs propres, en sont fiers. Alibert n'a pas à en douter.

Quand Alibert entre quelque part, Alibert se présente avec ampleur, fouette large et regarde haut. Attitude conquérante et dominatrice peut-être? Nullement. Alibert est bon prince. Alibert, dans son milieu, trône, règne et ne domine pas.

La tenue d'Alibert est propre, correcte, cossue, bourgeoise, convenable, de suffisant bon goût. Alibert marque bien, dit-on autour de lui à l'Abergement-sur-Rioni. Ni fantaisie, ni élégance. Ni Alibert n'impose, ni il ne rayonne, ni il ne prend. Trop gros, trop petit, disproportionné dans ses membres sans aisance, les yeux mal d'ensemble, les traits de ligne capricieuse et irrégulière, Alibert ne séduit pas les femmes. Alibert les attache. Madame Ali-

bert, en sa jeunesse, charmante et gracieuse, était
le lien, la fête et le sourire de tout salon, à l'Abergement-sur-Rioni. Alibert tient de sa mère. La
figure d'Alibert a le charme, et son humeur en-
traîne.

Alibert a de l'esprit, aime à s'en servir, à distiller
le piquant, le petit venin, au milieu de son diffus
gazouillage d'enfant émancipé. Alibert, en effet,
gazouille, ne cause pas. Alibert gouaille, ne plai-
sante pas. Hésitant d'abord, il tâtonne, cherche son
point d'appui, s'établit sur son terrain, prend ses
aises. Le voilà parti, souriant, bon enfant, en un
délayage sans fin, sans distinction, un peu vulgaire,
banal, sans choix ni mesure. A ses coups de langue,
noyés dans un parlage inconscient, nul de ses amis
ne se prend. Alibert, la glace une fois rompue, est
chez lui, en déshabillé, en pantoufles, a ses coudées
franches, et vit sur la foi des traités. Personne ne
s'en étonne. Alibert égratigne, ne déchire pas. S'il
blessait à fond ses amis, son cœur en mourrait. Ni
emportement, ni colère, ni rancune dans Alibert.
Alibert n'a rien de noir dans l'âme.

Alibert conte, laissez-le aller. Il a la bride sur le
cou. Histoires sur histoires greffées, épisodes exor-
bitants sur épisodes exubérants, Alibert ne peut

rien sur sa langue. Un mot n'attend pas l'autre,
c'est comme un chapelet. Nulle histoire, avec Alibert, ne prend fin, ne conclut. L'imagination d'A-
libert, les rémembrances d'Alibert, s'égarent dans
un enchevêtrement impossible à débrouiller. Il va,
il va toujours. Vous l'oubliez, mais ni vous ne bâil-
lez, ni vous ne vous impatientez, ni ne lui rompez
en visière. Ce filet d'eau tiède coule, coule, continu,
incolore, sans grande saveur, et l'on reste là, docile,
indolent, à le regarder se perdre dans le vide. Alibert, quand il conte, toujours est de loisir. Alibert
est sûr d'avance de votre longanimité.

Méthodique, au contraire, toujours prompt à prendre les choses par le bon bout, s'il s'agit de travail,
de vues pratiques, Alibert sait beaucoup, ne sait
rien à fond, mais sait bien tout ce qu'il sait. M. Alibert le père, peu cultivé en son vivant, par sa vive
intelligence, la netteté du coup d'œil, imposait à
ces messieurs de l'Abergement, dont il était la lumière et le conseil. M. Alibert, de mince bourgeoisie,
restait sur la lisière du monde emparticulé, répu-
diait ses dévotions, servait sa politique, saluait ses
préjugés, révérenciait ses catégories, assis ainsi
entre deux mondes. Alibert tient de son père.

Alibert n'a rien de ce qui fait l'éloquence ni l'hé-

roïsme, ni les haines vigoureuses d'Alceste, rien non
plus de ce qui fait le fanatisme. Alibert est de raison solide, de sagacité remarquable, de ferme bon
sens. Jamais d'*incognita terra* pour Alibert. Jamais
Alibert n'a voulu décrocher la lune, regarder par-
dessus les étoiles. Les ménagements, les scrupules
bons dans les petits périls, Alibert les a tous. L'a-
pathie, l'inaction dans les grands, voilà le défaut de
la cuirasse d'Alibert. Quel que soit l'arrangement
des choses ici-bas, Alibert y aura sa place et la tiendra bien. Alibert le sait, et dort indifférent sur ses
deux oreilles.

> Tout est prévention,
> Cabale, entêtement, peu ou point de justice;
> C'est un torrent. Qu'y faire? Il faut qu'il ait son cours.
> Cela fut et sera toujours.

Sagesse et politique de la Fontaine, politique et
philosophie d'Alibert.

De la révolution-principe, Alibert en est. De la
révolution-action, Alibert se retire. 1788, pour
Alibert, est hideux, 1789 juste. Alibert, pourtant,
ne se peut séparer des chevau-légers qui voient tout
mal en 89. Pas de tache sur son œil, en ce point,
une tache sur sa volonté. Droit suranné des trônes,
ancien régime vermoulu, Alibert y a égard comme

A. BOUILLET. 13

au premier venu des mandarins de Pékin. Alibert
ne demande pas de priviléges pour lui. Mais Alibert
se croit de grosse et grasse bourgeoisie de l'Abergement-sur-Rioni, et Alibert veut qu'on lui en sache
gré et qu'on lui en fasse compte.

Alibert ni ne croit, ni ne pratique. Alibert ne
donne pas dans les arpéges de rhétorique dévote,
dans les parades des pèlerinages. Que sa sœur, à
son insu, d'une pieuse bannière pavoise sa fenêtre,
Alibert ne s'en inquiète. Le contentement de ma
mère vaut bien une messe, dit-il, quand parfois on
le rencontre au sortir de la messe de huit heures à
l'Abergement-sur-Rioni.

Le burg est aux lichens comme le glaive aux rouilles.

Alibert a des camarades partout, dans l'armée,
dans la finance, dans les lettres et les arts, dans la
bourgeoisie et dans la gentilhommerie postiche,
parmi les embéguinés et héroïques moutons de résignation sublime, parmi les libres penseurs à tout
crin. Alibert vit bien avec la république. Alibert
fait bon ménage avec la monarchie séculaire.

Le sentiment, pour Alibert, plane au-dessus de
tout débat, n'en est pas effleuré. Pour ses camarades, Alibert est serviable, pour ses amis d'un dé-

vouement toujours présent. S'il lui arrive par hasard
d'expédier à la hâte l'amitié comme un courrier
d'affaires, laissez-le aller, son cœur y reviendra, en
dépit de lui-même.

A Paris, où il vient souvent, Alibert vit de plain-
pied avec tout le monde, et ne s'en trouve que
mieux. A l'Abergement-sur-Rioni, sans être homme
de défection, Alibert se sent mieux avec ces messieurs de la gentilhommerie postiche. A l'Abergement-sur-Rioni, ne mettez jamais Alibert entre ses
amis de la gauche et ses amis de la droite, vous
l'embarrassez. Alibert, en dépit de lui-même, s'honore des uns et condescend seulement aux autres.
Voir les uns, c'est presque une vertu pour Alibert,
voir les autres une relation naturelle. Alibert passe
à ces messieurs leur gentilhommerie bourgeoise et
leur en sait presque gré. Réciprocité de bons procédés, ces messieurs passent à Alibert son intelligence et son esprit.

La mère a fait le cœur, le père la tête, le temps
présent l'esprit. Des habitudes domestiques et des
catégories traditionnelles de l'Abergement est venu
le reste.

Pour trouver un maire, l'ordre moral a couru de
Vauquier à Calpigi, de M. de la Chataigneraye à

Rigolo-Pain-de-Seigle. Que ne s'adressait-il à Alibert ?

La politique de combat avait à se venger de ses énormités, de ses bévues, de ses propres stupidités. Alibert lui aurait failli dans les mains.

Honnête et clairvoyant d'ailleurs, Alibert en telle galère se serait-il aventuré? Qui le connaît a déjà répondu pour lui.

LES BONSHOMMES DE L'ABERGEMENT-SUR-RIONI

Nul, sans être averti, n'éprouva les orages.....
La grue, avec effroi, s'élançant des vallées,
Fuit ces noires vapeurs de la terre exhalées.....
L'hirondelle, en volant, effleure le rivage ;
Tremblante pour ses œufs, la fourmi déménage ;
Des lugubres corbeaux les sombres légions
Fendent l'air qui frémit sous leurs noirs bataillons.....
Vois les oiseaux de mer et ceux que les prairies
Nourrissent près des eaux sur des rives fleuries.
De leur séjour humide on les voit approcher,
Offrir leur tête aux flots qui battent le rocher,
Promener sur les eaux leur troupe vagabonde,
Se plonger dans leur sein, reparaître sur l'onde,
S'y replonger encore et par cent jeux divers
Annoncer les torrents suspendus dans les airs.
Seule, errante à pas lents sur l'aride rivage,
La corneille enrouée appelle aussi l'orage.
Le soir, la jeune fille, en tournant son fuseau,
Tire encore de sa lampe un prodige nouveau,
Lorsque la mèche en feu, dont la clarté s'émousse,
Se couvre en petillant de noirs flocons de mousse.
. . . .
Mais la sécurité reparaît à son tour.....
L'alcyon ne vient plus sur l'humide rivage
Aux tiédeurs du soleil étaler son plumage.....

L'air s'éclaircit enfin; du sommet des montagnes,
Le brouillard affaissé descend dans les campagnes,
Et le triste hibou, le soir, au haut des toits,
En longs gémissements ne traîne plus sa voix;
Les corbeaux même, instruits de la fin de l'orage,
. Folâtrant à l'envi parmi l'épais feuillage,
Et, d'un gosier moins rauque annonçant les beaux jours,.
Vont revoir dans leurs nids le fruit de leurs amours.

(DELILLE, *Géorgiques.*)

Chaud pays de rayonnement que Paris, du centre
au moindre point de la circonférence. Tous, lettrés
et illettrés, privilégiés de la fortune ou abîmés à la
géhenne du travail, à la mer de pleurs, à l'immen-
sité des misères, oisifs et prolétaires, artistes et
bourgeois, bonzes même de la chinoiserie administrative submergés de l'activité stérile, paperasses et
petites besognes inutiles, s'y sentent de l'effort de
chacun, respirent son rêve, s'imprègnent de ses effluves, s'exaltent de son idéal; tous, au même degré,
bien qu'avec des forces, des ressources, des moyens
différents, se veulent grands, forts, beaux, égaux
dans la justice et l'équité. Activité sans cesse ni
repos, émulation, espoir infini de l'égalité, de
89 à nos jours, véhicule électrique de chaque
progrès, tout-puissant courant d'eau chaude des
Antilles parisiennes à l'Irlande des faubourgs.

Égalité par quoi? par la fortune? par le plaisir et
la jouissance? par le luxe et le pouvoir? Nulle-

ment. Points de vue secondaires, à y regarder de près et à en juger exactement. Égalité par la force transcendante, par la force des forces, égalité par l'intelligence, la vue nette des choses, de leur enchaînement, de leurs lois naturelles. Vous ne le croyez point! Voici un fait, de tels il y en eut beaucoup, et c'est de l'histoire.

En mars 48, dans la rue des Fossés-Saint-Victor, 45, à l'entrée du faubourg Saint-Marceau, un des plus pauvres de Paris, il y avait club au fond d'une vaste maison, dans une salle à l'aspect austère, délabré et monacal. On avait parlé de tout, ce soir-là : affaires courantes du jour, travail et capital, patrons et ouvriers, socialisme, paupérisme, que sais-je? et l'on ne s'entendait guère. Arrive, flottante ceinture rouge autour de la taille, un délégué du gouvernement provisoire et de l'Hôtel de ville, Boquet. L'aîné? le jeune? C'était l'un d'eux. A cet égard le souvenir est précis. Il annonçait l'ouverture prochaine d'une bibliothèque populaire pour le douzième arrondissement, cinquième aujourd'hui. Discours alambiqué de Boquet, pimenté, comme il s'en faisait plus d'un alors.

De la foule assemblée se détache un ouvrier mégissier, haute stature, carrure de bœuf de labour,

force herculéenne, cinquante ans, physionomie
honnête, regard petillant de droit sens, debout, les
bras croisés devant le bureau.

Une bibliothèque, dit-il, c'est ça, et puis ce n'est
pas ça. Une bibliothèque, c'est ça. Que tout le
monde sache, puisse apprendre. Quand on saura,
on sera assez fort. Une bibliothèque, pourtant, regardez, par exemple, moi, je ne sais pas lire. Et
combien y en a-t-il encore logés à telle enseigne?
Ceux qui savent, entamés par douze heures de travail, iront-ils s'achever dans le fond d'une bibliothèque? Une bibliothèque, ce n'est donc pas ça. Un
petit livre, à la bonne heure, un seul, large comme
les quatre doigts de la main, petit livre où il y aurait tout. On en lirait, on s'en ferait lire par ses
enfants un peu, tous les jours, en mangeant, le soir.
On y penserait avant de s'endormir, on en causerait
entre soi, à l'atelier. Petit à petit, et sans se déran-
ger de son affaire, on finirait par tout savoir, et savoir, c'est tout en ce monde.

« De la lumière, plus de lumière, » ce fut le dernier cri de Gœthe sur le lit des suprêmes épouvan-
tements. Même soif de clarté et de lumière en notre
mégissier. Savoir est toute-puissance, le tout est
de savoir. Un petit livre unique, une bible, un

évangile, non point livre de mysticité et de rêverie, mais livre de science, livre où il y ait tout. Ce petit livre, l'écrira-t-on jamais? Qui l'écrira, ce livre?

Tel appétit de savoir, heureusement à Paris tout le sert. Mille sources s'empressent à l'étanchement de la soif dévorante; l'atelier, la place publique, l'école, les salons, les cafés, les lieux de réunion, le journal, le théâtre. Cœur contre cœur, on se réchauffe entre soi. La pensée vole, le sentiment s'allume, la conscience s'éclaire. On sait tout du jour, les hommes, les choses, les affaissements, les héroïsmes, les dévouements.

Venu le moment de s'affirmer. et de voter, nul n'hésite, ne tâtonne. L'opinion est faite, les noms courent de bouche en bouche. Ils seront demain dans l'urne. Rien n'y peut. Discutez en haut; ergotez, journalistes; pesez, prudence évasive et timidité bourgeoise; lettrés à l'infini livrés à l'esprit de raisonnement, évertuez-vous, combinez et subtilisez. D'avance le vote est acquis. On le vit bien à l'élection Barodet, si impolitique en réalité.

Depuis longtemps Paris avait la Commune sur le cœur. Sur ce mouvement si odieusement compliqué

13.

par les conspirations bonapartistes, par elle si atro-
cement dénaturé, Paris voulait dire son mot, et il
l'a dit. On aura beau faire, Paris est ainsi. Que la
raison pratique le veuille ou ne le veuille pas, là,
toujours il lui faudra sur son âne de Sancho Pança
trotter à la remorque de l'idéal, de l'enthousiasme
du bon et sec don Quixota de la Manca.

« Ténèbres, ténèbres, saintes et divines ténèbres,
criait, au contraire, en pleine église, à quelques
lieues de l'Abergement-sur-Rioni, l'abbé Tempesta,
desservant de la paroisse de Chambériat; ténèbres,
ténèbres. Foin des lumières et de la raison, foin des
livres et des journaux, *vanitas vanitatum, et omnia
vanitas!* Le livre est anathème, la lettre moulée
abomination. Plus d'effort, de vertu, pour monter
et grandir; la grâce, voilà le nécessaire et le superflu. La foi, le ciel, Dieu, la parole du sacré ministère, que faut-il de plus? Les lis ni ne travaillent
ni ne filent, et vont plus magnifiquement vêtus que
César lui-même. »

Fausses lueurs, trompeuses amorces. Que veut-
on donc par là? Brouiller la pensée, barbariser
l'âme, ensauvager le cœur? La nature l'a fait bleu,
l'horizon à l'Abergement-sur-Rioni, et on le rêve
noir? Gaie, bonne, courageuse, jeune comme le so-

leil d'avril, cette population des monts de l'Abergement, héroïques bonshommes, héros du travail et
du droit en temps calme, héros des champs de bataille en temps orageux. Devant eux, de bras fort,
de bonne volonté indomptable, de cœur patient, s'en
va, chaque jour reculant, la friche féodale vaincue,
déconcertée, se rétrécit le repaire des fauves, s'a-
grandit le domaine de l'homme. De souci, ils n'ont
que la justice, la justice, fille du sillon, selon la
profonde parole de Michelet, l'illustre mort, notre
éternel regret.

Pourquoi donc ce bizarre accouplement, Dieu et
les ténèbres, la foi et l'horreur du livre, la vertu
agissante et l'inertie de la grâce, Dieu et l'inégalité,
l'iniquité? Le divin n'est divin qu'autant qu'il est
lumière et justice, dit Socrate dans l'Eutiphron.
Fatalité et prédestination, y aurait-il donc des gens
pour savoir en haut, des gens pour ignorer éternellement en bas, des dirigeants et des dirigés? Ni
haut, ni bas, Dieu est sphérique, s'écrie le philosophe.

> O moine, que fais-tu dans ta sphère idéale?
> Vois, le temps est vaincu, l'espace est rapproché.
> Vous, mortels, qui passez comme une bacchanale,
> Oublierez-vous le but final, le but caché?

L'appel est d'Auguste Brizeux, le poëte breton.

Quoi qu'on fasse, ces bonshommes ne veulent être adjugés aux ténèbres, au nom du ciel et du Dieu de lumière, tenus noirs sous l'ombre du prêtre, ravalés aux bêtes, gens d'intelligence à jamais corvéable et serfs liés à la glèbe de la nuit, hors du règne de lumière. Ils prétendent espérer en ce monde, et n'avoir peur de l'autre. Tout-puissants réfractaires, en dépit de l'apparence, cet instinct domine tout chez eux, met loin toute autre pensée.

Imprudents, nos ultramontains, d'éveiller le chat qui dort, d'appeler l'orage des pensées sombres à troubler le cœur.

Longtemps livré aux hasards, aux souffrances, de la Loire aux Vosges, aux privations et aux périls de la guerre prussienne, le bonhomme de l'Aberge-ment avait enfin revu la fumée de sa chaumière, repris à la joie des champs. D'émoi son cœur en vibrait. Il avait le soleil de sa montagne, la terre qui attendait la salutaire, la féconde blessure, blessure du fer, du hoyau et de la charrue. Assez longtemps d'angoisses la tête des mères avait été pleine. Amè-rement les pleurs avaient coulé, le soir. Le matin, du moins la joie était-elle venue. Enfants, parents, vieux

toits de la jeunesse, bois des monts, prés de la
vallée, vignes des coteaux, que manque-t-il? Soyons
tout aux embrassements. La main travaille et le cœur
chante. Nature et famille, plus d'autre pensée.
Loin, bien loin, les choses de la politique. Volontiers eût-il dit, le bonhomme des champs, avec
Hugo, le grand poëte :

> Qu'est-ce que cela fait à l'herbe des plaines,
> Aux oiseaux, à la fleur, au nuage, aux fontaines?
> Qu'est-ce que cela fait aux arbres des bois,
> Que le peuple ait des jougs et que l'homme ait des rois?

Il était si bien assis dans la joie de son âme, notre
bonhomme, vers la fin de 71. Tout le stoc des pro-
visions et marchandises avait été épuisé par la
guerre. Bétail, grain, cuir, viande, se vendaient
hors de prix. L'argent affluait aux champs. On
se sentait rassuré, à l'aise. Plus de soucis que le
travail et la production. Leur aise a duré peu.
Pourquoi faut-il que la tombe s'ouvre derrière le
port ?

Les vieilles puissances de la nuit, à petit bruit,
secouent leur linceul, se remettent à marcher dans
l'ombre. Une fumée malsaine s'élève des bas-fonds,
erre, flotte sur le sillon. L'air n'est plus le même.
Des bruits sinistres courent, troublent, énervent.

Déjà on a peine à respirer, comme aux approches
de l'orage.

Est-ce donc un grain de la cendre d'Attila, ce vieil
Alivergot, aux neuf dixièmes et demi mort à tout ce
qui fait de la vie, à l'esprit de conspiration seulement vivace et éternel, grand rabatteur toujours
d'âmes faibles et crédules? Accaparer, monopoliser
le bénéfice d'une exploitation, c'est au fond, on le sait
de reste, le vrai but des congrégations. Esprit de
corps, esprit d'égoïsme moins étroit, mais plus âpre,
que l'égoïsme individuel, esprit de lucre et de do-
mination, poussé et soutenu par un esprit de conspiration, voilà l'âme des congrégations, leur raison
d'être, leur explication, leur *ultima ratio*. Avant tout
Alivergot est homme de congrégation, cœur ouvert
à toute immoralité qui lui profite, à lui et à l'Église,
fermé seulement, mais hermétiquement fermé, à
quiconque ose toucher à l'Église. « Homme de
bien, dit Éditue, le sage de l'île Sonnante en
Rabelais, frappe, féris, tue et meurtris tous rois et
princes de ce monde, en trahison, par venin ou autrement, quand tu voudras. Déniche des cieux les
anges : de tout auras pardon; mais à nous ne
touche, pour peu que tu aimes la vie, le profit, le
bien, tant de toi que de tes parents et amis, vivants

et trépassés, encore ceux qui après d'eux naî-
traient, ou seraient infortunés, ou.....

» Amis, vous noterez que de par le monde il y a
beaucoup plus d'eunuques que d'hommes. De ce
vous souvienne ! »

Morale et politique d'Alivergot, pasteur jadis en
la bonne ville de l'Abergement-sur-Rioni. Au seuil de
sa porte, à l'Abergement, dès la fin de 71, la journée
durant, c'est un courant de réaction, une mer mon-
tante. Le matin, flot sur flot. Impudentius d'abord,
puis madame de Richomme sur madame de la
Saulaye, Mariette sur madame Thécla Vauquier,
madame Poinsot sur l'escadron volant de Thécla
Vauquier : tout le féminin clapier d'Alivergot. Le
soir, à vous le dé, messieurs de l'Abergement. Pépuan, Vauquier, Mathusalem Élias, Malebranche,
Gédéon Odobez, Libri, Calpigi, Prensac, des Hières,
y affluent. Notre lugubre squelette, Gent de Préval,
corps emmanché d'un long cou aux plis équivoques
d'un cache-nez fripé, y est avec M. de la Chataigneraye. Les hobereaux embéguinés contre le peuple
semblent garder une mauvaise volonté, une rancune
envieillie, séculaire hostilité de Montaigus et de
Capulets.

Descampagnes c'est une houle. Un à un, les curés

et desservants viennent prendre là le mot d'ordre. Les conférences rurales se multiplient, bachiques conférences sans doute, clubs réactionnaires surtout. Interdit partout ailleurs, le club s'était réfugié aux cures, aux monastères.

Les champs hagards sont pleins de sombres débandades.

Malédiction permanente sur le sillon, influences néfastes au foyer domestique, conjugal, c'est le long âge de plomb, le mortel moyen âge qui défile.

Tours de force de la parole, épilepsie de la dévote et sainte invective, Fanfulla, Tempesta, Claude Bazu, fougueux prédicateurs et ligueurs effrénés, mettent l'alarme aux champs. Oppression agitée, réaction délirante, merci. Sans vous, le bonhomme de l'Abergement allait s'endormir. L'âme pouvait flotter à la nature, à l'espérance, s'allanguir au bonheur, s'énerver aux douces et débilitantes impressions. Pour soutenir la longue lutte sacrée, la lutte de l'avenir, il eût manqué, défailli. Le voilà debout. Douleur, énergique contraction de l'âme sur elle-même, rude école qui aiguillonne la prudence, tu nous l'as rendu, le bonhomme.

L'âme de la contrée, le *genius loci* s'éveille, altéré d'indépendance et de liberté. Effort haletant, pensif plus qu'on ne croit, le bonhomme tâtonne, pour se couvrir, se défendre, cherche son point d'appui.

Quelle influence ténébreuse s'est étendue sur lui ? Tout lui semble aquilon, tout lui est amer. Il se sent faible, seul, isolé dans ses montagnes, dans sa hutte perdue parmi les bois et les halliers, sans cœur qui le soutienne, sans école, sans théâtre, sans livre, sans journal, sans parole. « Que les villes soient avec nous, dit-il, songeant au suffrage et au bulletin de vote, et nous serons vainqueurs, prêtres et maîtres chez nous. » Et sérieusement le bonhomme rêve solidarité et république.

Rénovation tardive, sans doute, travail de croissance plein de langueur et de mélancolie. N'importe, rénovation pourtant et *vita nuova*.

Encore si, comme en Jérémie, ils pouvaient dire, ces bonshommes, graves, de mœurs sérieuses, de simplicité haute : « Dieu, nos pères mangèrent le raisin vert, et nos dents en sont agacées. » Au plébiscite, en 70 ; au vote de février, en 71, ils ont eux-mêmes mangé le raisin vert, ils le savent. D'autant plus lourd, plus accablant par le regret et le remords, leur est le présent. La guérison des fautes, c'est leur préoccupation. Vous ne les tenez point encore, messieurs de l'Abergement.

Attentifs, inquiets, ils vont l'oreille aux bruits qui viennent du côté de l'Abergement-sur-Rioni. Il en circule d'étranges sur Gent de Préval, personnage burlesque et fantasque.

Pauvre et triste juge de paix que Gent de Préval, mais juge zélé pour l'ordre policier sous l'empire, zélé pour la congrégation depuis 71.

> Superbe, comme un autre, il fait sa grande flamme.

Un livre républicain a paru à l'étalage d'un libraire, à l'Abergement. De la propriété littéraire Gent de Préval ne sait rien, non plus qu'en bien d'autres choses. Le vent souffle à la réaction. Gent de Préval fait empoigner le livre par la gendarmerie. Livre saisi, procès-verbal de saisie, livre déféré au parquet, poursuite du livre ou arrêt de non-lieu, réintégration des exemplaires séquestrés, c'est la marche ordinaire partout en France, sauf à l'Abergement-sur-Rioni.

Les livres sont saisis, c'est l'essentiel. D'eux on ne se soucie plus. La chose devient une simple contravention de librairie ressortissant au juge Gent de Préval, ainsi juge et accusateur dans sa propre cause.

Malheureusement pour Gent de Préval, au par-

.quet on alla. De la chose, point de nouvelles. Le
procureur de la république ne savait rien, et le petit guet-apens judiciaire s'était perpétré en tapinois,
au coin du bois de la gentilhommerie postiche, à
l'Abergement-sur-Rioni. Daubé d'importance, Gent
de Préval dut se souffleter lui-même et faire par la
gendarmerie réintégrer les exemplaires chez le libraire.

Maladroit à l'exécution, encore si Gent de Préval
savait être convenable à la réparation. Mais des
trois exemplaires saisis, l'un avait couru, souligné,
maculé, dans les mains équivoques, mal tenues, paraît-il, du petit monde des hobereaux et des dévots
à l'ordre moral. Nouvel encombre. Réclamation et
lettre au parquet.

« Monsieur le procureur de la république,

» J'ai reçu les exemplaires indûment saisis, et je
vous remercie.

» Des trois exemplaires, l'un était noté, souligné,
taché. J'ai l'honneur de vous le renvoyer. On avait
irrégulièrement saisi trois volumes marchands, on
devait réintégrer trois volumes marchands.

» Qui faut-il plaindre ici ? Ce pauvre M. Gent, si
inexpérimenté et de main si maladroite à l'exécu-

tion, de tant de mesquinerie à la réparation ? L'Etat réduit à de tels agents ? Vous, monsieur, un esprit droit et élevé, condamné à couvrir de votre nom et de votre autorité tant d'insuffisance! Vous êtes mieux placé que moi, monsieur, pour trancher la question. »

Gent de Préval dut en passer par là ou par la porte. La gendarmerie remplaça le volume chez le libraire.

Le lendemain, Gent de Préval, par les rues, portait moins haut ses allures de lama. Les bonshommes en riaient, à l'Abergement, les bonshommes en riaient sur les monts, par les champs.

Propriété rurale, propriété littéraire, propriété toujours. Qui touche l'une, menace l'autre. Le bonhomme, à l'Abergement, est propriétaire de peu, propriétaire de rien, et propriétaire obéré souvent, mais veut rester propriétaire. Gent de Préval est ignorant. C'est bien. Mais pourquoi, n'y voyant rien, se faire violent et emporté ?

De vendeur à acheteur on avait porté, en ce temps-là, devant Gent de Préval une question de répétition d'impôts, cent cinquante francs. A l'appui de sa réclamation, le vendeur fournit divers reçus du percepteur. Le secrétaire de la mairie, dupe ou

complice, certifie que les impôts payés sont bien af-
férents aux propriétés passées aux mains de l'acheteur.
teur. Le maire signe, appose le cachet municipal,
sans y plus regarder.

— Vous voyez, dit Gent de Préval à l'acheteur.

— Mais ces impôts-là n'ont pas été payés pour la
propriété qu'on m'a vendue.

— Le maire a certifié.

— Je demande une expertise.

— Une expertise contre le certificat d'un maire,
du premier magistrat de la commune! C'est de la
démagogie. Taisez-vous, ou prenez garde à vous.
Vous êtes condamné à payer et aux frais.

Expertises et vérifications faites, il se trouva que
l'acheteur avait raison. Mais le vendeur avait réduit
sa demande à cent francs. Il y avait chose jugée,
jugée sans appel. A qui le voulut entendre, le paysan
conta la chose. Le bon droit de chacun, la balance
des grâces et des peines en de telles mains remise!
Ténèbres à l'église, arbitraire à la justice de paix,
de plus en plus le bonhomme des champs rêvait de
la république.

Le bonhomme de l'Abergement avait été à l'effort,
pendant le désarroi de la guerre, effort malheureux,

effort cependant. Il avait couvert de son corps la
chaumière de son père. Sans vergogne on lui parle
grâce et médiateur céleste, Vierge qui sauve des
Prussiens. Il n'en croit rien, s'offense. Partout
pleurs, partout mains levées au ciel. On oublie le
dévouement et les souffrances. Pour qui porte le
poids de la vie, de l'ordre dans le travail, y a-t-il
donc tant de raffinements mystiques?

A l'entrée de l'Abergement on dresse une statue à
la Vierge, qui a tenu, assurent les pieuses ouailles,
les Prussiens à quatre lieues de l'Abergement.
Pensée d'ingratitude et de rancune, mauvaise pensée.

Mal conçue, l'œuvre est piteusement exécutée.
Banale figure éclose hors de mesure et de proportion, sous le chapiteau de pierre qui la couvre et
l'offusque, dans sa niche, où, poussin captif, elle
cherche à crever sa coquille. Mauvaise figure, figure
mal placée, en contre-bas, éclairée sur trois faces,
la quatrième ombreuse et masquée par une longue
rangée d'arbres, à déconcerter le regard, brouiller
la lumière. L'érection de la statue coïncidait avec
le subit refroidissement d'avril. Notre-Dame de la
gelée, dit le bonhomme de l'Abergement, impitoyable aux maladresses et à l'inexpérience de ces

bons bourgeois-gentilshommes. Ah! si avec la gelée
il nous faut avoir encore Henry V et les jésuites!

— Oui, oui, murmuraient tout bas les bonshommes en se détournant, avec leurs croyants et
leurs saints, solitude et stérilité; sous leurs mains
bénites, ronces et absinthe. Peuples élus du ciel,
comblés de grâces et de miracles, ils ne font que
du fanatisme et des ruines. Les bonshommes s'en
allaient résolus à voter pour la république contre
l'Église.

L'an 73 était en effet venu. Hiver mou, saison
pluvieuse, au fort des travaux préparatoires, ni
charrois ni labour. Saison prématurément douce,
souriante, que sera le printemps? La séve se hâte
aux arbres, aux vignes, la fleur aux graminées, aux
plantes grasses. L'herbe n'est pas prête à faucher,
mais déjà haute. Toute pensée alors, en ce plantureux pays, est aux champs, et chacun vit aux vignes,
si tendres aux gelées printanières.

Les élections d'avril se préparent pourtant. Donner l'ascendant aux inertes, aux oisifs, aux muets,
aux paresseux des anciennes familles et des riches,
dévorer le peuple actif, bruyant, mobile, inquiet,
insupportable peut-être, mais inventif et fécond,
politique de Sparte, a dit Michelet. Politique de

l'Église, en 73. Double candidature pour le 27 avril :
clérical emparticulé ; républicain. Mairies en grande
partie, toutes les églises, pour le hobereau campagnard, les femmes pour les églises et les mairies.
Mais depuis un an les idées font deux lits, à l'Abergement-sur-Rioni. Sous les longues barbes de leur
bonnet à ailes jumelles de couveuse, les femmes,
anxieuses, regardent à leur mari. Les bonshommes,
taciturnes, mûrissent leur pensée, sous la peau gardent leur secret. Quant aux Rigolos-Pains-de-Seigle,
futures recrues de l'ordre moral, louche libéralisme,
cléricalisme honteux et voilé, nul d'entre eux n'ose
encore.

Le 25 avril, le temps se resserre. Le 26, tout est
transi du vent de bise, fleurs brûlées aux arbres,
bourgeons échevelés aux sarments, fleurs jaunes
bouillies aux navettes. A peine le blé, de sa jeunesse,
consolait-il de toute cette triste aridité en avril.

Consternés, les bonshommes iront-ils aux urnes
le lendemain ?

Le 27 avril, au soir, l'Abergement-sur-Rioni donnait deux tiers de ses voix au candidat républicain.
Le département faisait mieux encore, cinquante
mille voix à la république, dix-sept mille à la monarchie cléricale.

.Aube immense d'un jour immense. Tombée en ce jour, la gentilhommerie embéguinée ne se relèvera plus.

Regarde, disait, à quelques jours de là, à son compagnon, un de ces bonshommes des champs, mouton attardé encore aux maigres pâturages des anciennes mairies bonapartistes, regarde, cinquante mille. Si on avait su!

Les républicains étaient légion. Notre homme avait regret de ne pas être des gros bataillons. Il en sera demain.

Piquée au vif et jetée hors des gonds, hors du droit sens, la majorité de Versailles s'en prit à Thiers.

De Thiers le bonhomme de l'Abergement ne savait rien ou pas grand'chose. Sous ce drapeau découronné, contre les hobereaux le bonhomme se serra, bien décidé à pousser jusqu'au bout sa campagne républicaine. Les bourgeois-gentilshommes et les prêtres, disait-il en sa rancune égaré, ont payé les Prussiens pour venir. Thiers a renvoyé les Prussiens chez eux.

Quand se déborda sur l'Abergement le torrent des pèlerinages, grand déploiement de bannières chez Alivergot, illuminations chez Malebranche, chez les

Richomme, bannières chez madame de la Saulaye,
chez Vauquier, chez les Guênetranche, les Prensac,
les des Hières, les Calpigi, les Pépuan, les Libri. Autour de la dévote bacchanale, silence, abstention,
froide indifférence et dédain. On avait battu le rap-
pel au loin, dans toutes les églises. De sept paroisses
il vint du monde, en tout un millier d'assistants. Le
lendemain, les dévots reporters disaient dix mille.
D'Autun était accouru fougueux prédicateur en renom, une forcenée Pythonisse. Bacchante, que me
veux-tu, bacchante qui n'es pas ivre? aurait dit
Sapho. Bien, bien, s'en allaient les bonshommes;
aux femmes ces traînées dans les champs, à nous
le scrutin et le vote.

Décidément les comédies de la Restauration
étaient démodées, restaient sans écho parmi les
masses. Il fallait se hâter au positif et prendre des
gages pour l'avenir. Minié de la Roque, Alivergot,
Vauquier, songèrent aux écoles et aux frères de
l'École chrétienne renvoyés en 71. On avait à la
mairie Rigolo-Pain-de-Seigle, le maire postiche de
ces messieurs, à la préfecture un séminariste périgourdin.

Le préfet va venir lui-même rétablir les frères.
Grand émoi parmi les bonshommes. Divers propos

en couraient sur les places, autour des pots.

— Prêtres à l'église, bon, disait Luc Montbléru, mais frères aux écoles, congréganistes à l'hôpital, à l'école des filles, congréganistes aux ouvroirs, trop de robes noires, mauvaise affaire. École primaire pour les filles, école primaire pour les garçons, voilà la loi. L'Abergement a toutes les deux, n'en doit pas davantage.

— Oui, mais on a renvoyé les frères. En avait-on le droit? Il y faut ou mort, ou démission, ou révocation régulière.

— Pour un instituteur, oui, une personne naturelle qui vit, qui meurt, qui démissionne, qu'on révoque. Une congrégation n'est pas une personne, une personne naturelle du moins. Ça ne meurt pas, ça ne démissionne pas. Un membre mort, démissionnaire ou révoqué, on le remplace, et la congrégation dure toujours. La loi, bonne pour les instituteurs, n'a rien à voir avec les communautés. Les frères ont été dûment et régulièrement renvoyés et ne rentreront pas.

— Il avait le nez creux alors, celui qui de l'école primaire et du collége n'a fait qu'un établissement.

— Pourquoi?

— L'octroi de la ville de l'Abergement-sur-Rioni

n'a pas d'autre raison d'exister que le collége. Pour
l'entretien du collége on a donné droit d'octroi.
Plus de collége, plus d'octroi. Plus d'école primaire
laïque, plus de collége, plus d'octroi.

— Moi, s'en allait Calpigi, je suis pour la justice,
vous savez, toujours pour la justice. Je paye l'im-
pôt, j'ai droit à une école de mon goût, selon ma
foi et mes convictions.

— Des goûts et des couleurs, reprit Luc Montbléru, je n'en dispute pas, ni la ville non plus. Mais
la ville ne vous doit qu'une école primaire conforme
aux règlements généraux pour le pays tout entier.
Elle n'a pas à s'occuper de votre goût particulier,
de vos préférences. C'est mon avis, à moi.

— Alors, ayez une école laïque communale et
une école congréganiste communale.

— Alors, ayez deux octrois, double revenu.
Celui de l'Abergement ne suffit qu'à une seule
école.

— Cent élèves chez les frères, soixante au collége, ce sont là pourtant des chiffres qui parlent
tout seuls.

— Question de brioches, s'écria Vien qui entrait.
Le jour de la Saint-Nicolas, brioches brûlées,
brioches rances au collége; chez les frères brioches

présentables. Si vous voulez la prospérité de votre collége, changez le pâtissier.

— Voyons, docteur, du sérieux. On vote dans la ville contre les congréganistes, et on leur envoie ses enfants ! Cela se comprend-il?

— Parbleu! Qui est-ce qui porte les culottes à l'Abergement, règne à la maison, et dispose des enfants? Les femmes, c'est sûr.

La femme est plus terrible qu'une armée en bataille, dit le Cantique des cantiques.

Qui est-ce qui vote? Les hommes. Les idées font deux lits à l'Abergement-sur-Rioni. La femme couche à l'église, le mari au scrutin. Si vous voulez en finir avec les contradictions, reprenez vos culottes ou faites voter les femmes, les mères de famille, comme dit cet excellent Vauquier. Plus que pas un, Vauquier sait ce que pèse une femme.

Pour se tirer de là on eut Rigolo-Pain-de-Seigle. A part lui, il se disait, clignotant :

Le droit
Est l'envers du pouvoir dont la ruse est l'endroit.

— Messieurs, ainsi parla-t-il à son conseil, moi, je veux la bonne tenue des écoles, comme l'hono-

14.

rable Calpigi est pour la justice. — Notre collége va
mal. — Où est le remède? Nous n'en savons rien, ni
les uns ni les autres. Remettons toutes ces questions
d'école à la discrétion du préfet, et reposons-nous-
en sur sa sollicitude.

La majorité se cabra, ne voulut y entendre. On
vota. Partage de voix. Rigolo-Pain-de-Seigle avait
passé à droite, entraînant une voix avec lui. Démission de la majorité. Réélection sur la question
des écoles. Démissionnaires réélus, majorité du conseil renforcée de trois voix.

> Tout s'est évanoui, puisque tout est fumée.

Nouvelle autrement grave. A Rome, au Gesù, à
Saint-Ignace, au collége romain, à l'oratoire du Ca-
ravita, à Saint-André, à Saint-Eusèbe, les jésuites,
expropriés par la loi italienne sur les couvents, dé-
ménagent. Au Gesù vidé, évacué, s'établit la municipalité romaine. M. Pianciani s'installe dans les
appartements mêmes du père Beckx, le général des
jésuites. Quelle chute pour nos cléricaux, quelle
déconfiture!

En août, on eut la lettre de Chambord à Chesnelong. C'est une longue traînée de désastres alors à
trente lieues à la ronde autour de l'Abergement-

sur-Rioni. A Lyon, le syndic des agents de change
emporte neuf millions. Toute la gentilhommerie embéguinée, escomptant d'avance la rentrée d'Henri V,
jouait à la hausse et avait là ses fonds. A Autun,
un notaire, colonne de l'ordre moral, gagne au pied
avec trois cent mille francs. A l'Abergement-sur-
Rioni enfin, Mathusalem Élias lève l'ancre. Six cent
mille francs de déficit. Argent des particuliers,
caisse des hôpitaux, caisse de Saint-Vincent de
Paul, caisse du bureau de charité, tout passa la
frontière.

Au mois de novembre, l'Assemblée de Versailles
donnait à la France le septennat.

— Commencer par les sept vaches maigres, dit
Vien de la Perrière, c'est triste. Plus heureuse,
l'Égypte d'abord a eu les sept vaches grasses.

Le bonhomme, à l'Abergement, hoche la tête,
découragement, fatigue de l'esprit public à rouler
de crise en crise entre les factions, sans pouvoir
avancer. Le bonhomme écoute les bruits lointains,
tressaille aux élections républicaines, et, résigné,
se dit que le jour approche.

Mais voici la loi des maires, en 74.

Malebranche est maire de Coucensa, où nul ne le
salue ; Guênetranche est nommé à Suty, où il n'ose

mettre le pied. A Visinant, c'est Richomme-le-Butor ;
à Cyr, son frère Hercule.

A l'Abergement-sur-Rioni, qui acceptera ? Vauquier, Calpigi, la Chataigneraye ? On ne sait. Nul
n'ose, si fort est le suffrage, si faible l'ordre moral !

Rien n'a péri, murmure le bonhomme, et la vie
est entière.

Le bonhomme de l'Abergement, songe de république scellée enfin à chaux et à ciment.

FIN

TABLE DES MATIÈRES

PRÉFACE...   1
Rigolo-Pain-de-Seiglo...............................   1
Gilles Calpigi...................................... 21
L'abbé Regnet....................................... 37
Pineton... 61
Saladin Bruscambille................................ 75
Montbléru de l'Épargillière......................... 95
L'abbé Fanfulla..................................... 117
Gédéon Odobez....................................... 127
M. Yves Baculard.................................... 143
Les dames Vauquier.................................. 163
Dona Galoche.. 183
Venceslas Cabarus................................... 191
Vibrion de Verpillat................................ 199
Alibert... 213
Les bonshommes de l'Abergement-sur-Rioni............ 221

FIN DE LA TABLE DES MATIÈRES

PARIS. — IMPRIMERIE DE E. MARTINET, RUE MIGNON, 2

CPSIA information can be obtained at www.ICGtesting.com
Printed in the USA
BVOW03s1755081014

370052BV00016B/229/P